Editorial

AF194242

Liebe Leserinnen, liebe Leser,

mit dem sich zu Ende neigenden Jahr erreicht Sie auch die letzte SOMMERGRAS-Ausgabe des Jahres 2022 mit den Ihnen vertrauten Rubriken. Wie immer lebt unsere Zeitschrift von der Kreativität unserer Autoren und Autorinnen und von der Neugier unserer Leserschaft auf die neuen Beiträge. Einen besonderen Dank richtet die Redaktion an Conrad Miesen, der in seiner Porträtreihe an Persönlichkeiten aus der Gründerzeit der Deutschen Haiku-Gesellschaft erinnert, in dieser Ausgabe an Mario Fitterer. Bei aller vielfältigen Gegenwartschau ist auch der Blick zurück bisweilen lehrreich und inspirierend. Doch auch für ein Ereignis in der Zukunft ist bereits gesorgt: Die DHG ruft zu ihrem zweiten Tanka-Wettbewerb mit dem Thema „Mobilität" auf.

Die SOMMERGRAS-Redaktion wünscht Ihnen ein ruhig ausklingendes Jahr und dass Sie mit Zuversicht in das neue schauen mögen.

Ihre Eleonore Nickolay

> Du, Reiher dort auf dem Pfahl,
> wie endet
> dein Jahr
> Kobayashi Issa

Inhalt

Deutsche Haiku-Gesellschaft e. V.

Die Deutsche Haiku-Gesellschaft e. V.[1] unterstützt die Förderung und Verbreitung deutschsprachiger Lyrik in traditionellen japanischen Gattungen (Haiku, Tanka, Haibun, Haiga und Kettendichtungen) sowie die Vermittlung japanischer Kultur. Sie organisiert den Kontakt der deutschsprachigen Haiku-Dichter untereinander und pflegt Beziehungen zu entsprechenden Gesellschaften in anderen Ländern. Der Vorstand unterstützt mehrere Arbeits- und Freundeskreise in Deutschland sowie Österreich, die wiederum Mitglieder verschiedener Regionen betreuen und weiterbilden.

[1]Mitglied der Federation of International Poetry Associations (assoziiertes Mitglied der UNESCO), der Haiku International Association, Tokio, Ehrenmitglied der Haiku Society of America, New York.

Anschrift	Deutsche Haiku-Gesellschaft e. V., z. Hd. Stefan Wolfschütz, Jungmannstr. 11, 24768 Rendsburg
Vorstand	
Info/DHG-Kontakt und Redaktion	Horst-Oliver Buchholz, horst-oliver.buchholz@dhg-vorstand.de
Redaktion	Eleonore Nickolay, eleonore.nickolay@dhg-vorstand.de
Kassenwartin	Petra Klingl, petra.klingl@dhg-vorstand.de
Website	Stefan Wolfschütz, stefan.wolfschuetz@dhg-vorstand.de
	Claudia Brefeld, post@claudiabrefeld.de
Internationale Kontakte	Klaus-Dieter Wirth, kd.wirth@dhg-vorstand.de
	Tony Böhle, tony.boehle@dhg-vorstand.de
	Peter Rudolf, peter.rudolf@dhg-vorstand.de
	Frank Sauer, frank.sauer@dhg-vorstand.de
Bankverbindung:	Landessparkasse zu Oldenburg, BLZ 280 501 00, Kto.-Nr. 070 450 085 (BIC: SLZODE22XXX, IBAN: DE97 2805 0100 0070 4500 85)

Bibliografische Information der Deutschen Nationalbibliothek:
Die Deutsche Nationalbibliothek verzeichnet diese Publikation
in der Deutschen Nationalbibliografie;
detaillierte bibliografische Daten sind im Internet über dnb.dnb.de abrufbar.

©2022 Deutsche Haiku-Gesellschaft
Herstellung und Verlag:
BoD – Books on Demand, Norderstedt
ISBN 978-3-75629-279-0

Aufruf zum zweiten DHG-Tanka-Wettbewerb – Thema „Mobilität"

Bitte senden Sie uns bis zum **28. Februar 2023** maximal **zwei Tanka**!
Eine Formvorgabe (also 5-7-5-7-7 oder Ähnliches) gibt es nicht.
Frank Sauer koordiniert den Wettbewerb und nimmt Ihre Tanka entgegen: frank.sauer@dhg-vorstand.de – Stichwort „Tanka-Wettbewerb 2023".
Es wird eine Wertung durch eine Jury (Tony Böhle und Martin Thomas) geben und parallel dazu eine Wertung durch die Teilnehmer (Kukai per Mail). Die genauen Modalitäten werden allen Teilnehmern dann bei Wertungsbeginn mitgeteilt.
Für die Erstplatzierten ist ein Buchpreis vorgesehen.

Ihr DHG-Vorstand

KreAktiv

Etwas zum Klingen bringen, eine Saite anschlagen, vielleicht so noch nie gehört: Darum baten wir, als wir zum Dichten eines Haiku zum Thema „Zwischentöne" einluden. Manch Klangvolles erreichte uns, Harmonisches, auch Dissonantes, insgesamt 21 Haiku. Eine Auswahl, die Redaktion und Jury besonders gelungen erschien, zeigen wir hier. Alle eingereichten Texte werden vollständig auf der Website der Deutschen Haiku-Gesellschaft unter www.haiku.de/sommergras-139 veröffentlicht.

Einen eindeutigen Favoriten gab es dieses Mal nicht. In der anonymisierten Auswahl bekamen gleich vier Haiku mit jeweils 11 Punkten die höchste Wertung. Wir gratulieren! Die Haiku lauten

Hoffnung …
zögernd mische ich
mehr Blau ins Gelb

    Gabriele Hartmann

honigwärme –
mein windstiller weg
vor dem winter

    Thomas Reinmann

Gitarrentage -
dem alternden Meister
quietscht die D-Saite

    Udo Mansfield

himmlisches Konzert
in die Viertelpause platzt
ein menschlicher Ton

    Marie-Luise Schulze Frenking

Vier weitere Haiku wurden als gut gelungen gewertet, die wir hier gerne vorstellen.

Musikstunde -
heute ohne
Zwischentöne

    Hubert Felber

morgennebel
auf der taste des klaviers
eine hummel

    Sonja Raab

reden…
was mir die zwischentöne
sagen
    Helga Stania

Klavierkonzert –
die Schnauftöne
des Virtuosen
    Janina Weidholz

Aufruf

Einladung: ein Unterstollen für ein Tan Renga

Wenn dieses Heft in den ersten Dezembertagen erscheint, geht das Jahr schon langsam zur Neige. Manches lassen wir dabei hinter uns, ziehen erste Bilanzen, blicken schon auf Neues im Jahr, das kommt. Wir laden Sie ein: Dichten Sie einen zweizeiligen Unterstollen, sodass ein Gedicht im Stile des Tang-Renga entsteht. Den Oberstollen, passend zur Jahreszeit, geschrieben von Horst-Oliver Buchholz, geben wir hier vor:

im Neuschnee
zwei Spuren parallel
dann auseinander

Wir freuen uns auf Ihre kreativen Weiterdichtungen!
Schicken Sie diese bitte an:

redaktion@sommergras.de

Stichwort: Haiku KreAktiv

Einsendeschluss: 15. Januar 2023

Haiku-Kaleidoskop

Klaus-Dieter Wirth

Das Haiku als Einzeiler – Teil 1

Das Haiku als Einzeiler ist von Anfang an und insbesondere in neuerer Zeit im englischsprachigen Raum Gegenstand der Diskussion geblieben. Zunächst stellte sich die vorgefundene Situation überwiegend anders dar. Einmal schreibt man im Japanischen generell in senkrechter Zeilenanordnung von rechts nach links. Entsprechend stehen also auch die Schriftzeichen eines Haiku – allerdings nicht generell – in einer Reihe untereinander[1], gelegentlich indes ebenfalls in Dreiteilung vertikal nebeneinander[2]. Ähnlich befremdlich war es festzustellen, dass sich die Wörter nicht aus Silben, sondern vielmehr aus Moren zusammensetzten.[3]

Damit sahen sich die ersten damaligen Übersetzer vor der doppelten Aufgabe, sowohl dem außergewöhnlichen Charakter der Quellsprachenvorlagen, als auch den Erfordernissen der jeweiligen westlichen Zielsprache gerecht zu werden, um ihren Lesern das allzu Fremdartige so vertraut wie möglich zu machen. Deshalb war es sicherlich kein Zufall, dass Basil Hall Chamberlain, ein zu seiner Zeit führender britischer Japanologe, Bashōs berühmtes „Sommergras"-Haiku 1880 in zwei Zeilen wiedergab, höchstwahrscheinlich in Anlehnung an das bereits bekannte Epigramm:

Haply the summer grasses are   Vielleicht ist das Sommergras
A relic of the warriors' dream.   Ein Rest vom Traum der Krieger.

---

[1]Jap. *tanzaku*, immer niedergeschrieben auf einem länglichen Papier. Vgl. Wirth, Klaus-Dieter: „Japanisches Glossar rund um das Haiku und verwandte Formen im Rahmen der japanischen Kunst und Kultur", Berlin. Rotkiefer-Verlag, 2022. ISBN 978-3-94902-914-1
[2]Jap. *shikishi*, abgefasst auf quadratischem Papier mit der Unterschrift des Autors links unten. Vgl. Wirth (s. o.)
[3]Wirth, Klaus-Dieter: „Der Ruf des Hototogisu – Grundbausteine des Haiku", Teil I. München Allitera Verlag. S. 15–22, ISBN 978-3-96233-155-9

Und auch der französische Arzt, Gelehrte und Dichter Paul-Louis Couchoud, der mit seinen Freunden, dem Bildhauer Albert Poncin und dem Maler André Faure, 1905 auf einer Bootsfahrt die nachweislich ersten eigenständigen westlichen Haiku verfasste[4] – diese sogar schon als Dreizeiler! –, betitelte noch 1906 seine Übersetzungen japanischer Haijin, insbesondere Texte von Yosa Buson, mit „Les Épigrammes lyriques du Japon". Doch schon bald wurde man sich allgemein dessen bewusst, dass das neu entdeckte Genre des Haiku letztlich auch inhaltlich nichts mit dem Epigramm zu tun hatte, welches sich nämlich primär an den Verstand richtet, gerne belehren will und den Leser zur Stellungnahme auffordert. Michael Fessler, ein seit 1986 in Japan lehrender Amerikaner, stellte weiterhin grundsätzlich zum Unterschied zwischen einem Zweizeiler und einem Dreizeiler fest: „Im Allgemeinen ist die Streuung der Distichen weit weniger dicht als die der Tristichen"[5], womit er die Breite der Ausdrucks- und Auslegungsmöglichkeiten angesprochen hatte.

Zum Glück setzte sich bei der fortan immer intensiveren Auseinandersetzung mit der Form und dem Wesen des Haiku generell die Überzeugung durch, dass es schließlich eben die besagte Dreiteilung ist, die seinem wahren Charakter am ehesten gerecht wird. Nach eingehender Analyse betrachtet stellt sich nämlich weiter heraus, dass speziell beim Haiku Form und Inhalt in einem ganz besonderen Verhältnis zueinander stehen: Seine Form ist dreigeteilt, sein Inhalt zweigeteilt, und das letztlich im fundamentalen Dienst einer essentiellen Asymmetrie![6] Freilich ist dieses besondere, immanente Strukturmerkmal nicht auf den ersten Blick zu erkennen., kommt doch das japanische Schriftbild allzu geschlossen und fremdartig daher. Dies allein schon hat auch nachher manche westliche Autorinnen und Autoren zu der Fehlannahme geführt, dass der bloße Rückgriff auf die einzeilige Form bereits eine überzeugendere Garantie für die

----

[4]Au fil de l'eau
[5]Frogpond 14:4
[6]Wirth, Klaus-Dieter: „Der Ruf des Hototogisu – Grundbausteine des Haiku", Teil I, München. Allitera Verlag. S. 33–35, ISBN 978-3-96233-155-9

Authentizität ihrer Werke darstelle. Der rumänische Dichter Ion Pillat (1891–1945) ging sogar noch einen Schritt weiter. Im Anklang an das japanische Haiku versuchte er, ein neues, einzeiliges, poetisches Genre in der europäischen Literatur zu etablieren, bestehend aus 13 bzw. 14 Silben, allerdings noch mit einer kurzen Überschrift, dazu mit einer implizierten Zäsur![7]

Poemul într-un vers
Un singur nai, dar câte ecouri în pâduri …

Einzeiler-Gedicht
Nur eine Panflöte, doch wie viele Echos im Wald …

Ähnlich wurde der französische Dichter ukrainischer Herkunft Émmanuel Lochac (1886–1956) so weit vom japanischen Haiku inspiriert, dass er Einzeiler propagierte, die er allerdings als Monostiches bezeichnete.[8]

Vers unique: poème en son intégrité.

Einzelner Vers: Gedicht in seiner Integrität.

Schließlich wollte der Amerikaner Allen Ginsberg (1926–1997), führendes Mitglied der berühmten „Beat Generation", seine sogenannten *American Sentences* sogar als die alleinige, englischsprachige Antwort auf das japanische Haiku verstanden wissen. „Ein Satz (Vers), 17 Silben, Ende der Geschichte", das war sein Credo. Hier ein Beispiel:

Crescent moon, girls chatter at twilight on the bus ride to Ankara.

Sichelmond, Mädchen plaudern in der Dämmerung auf der Busfahrt nach Ankara.

---

[7]Pillat, Ion: „Poeme într-un vers", Editura Cartea Românescâ. Bucureşti. 1936.
[8]Lochac, Émmanuel: „*Monostiches*". Marsyas, Éditions Aigues-Vives, 1938.

Es ist also schon rein begrifflich nicht korrekt, Allen Ginsberg als den Erfinder der einzeiligen Haiku-Form in den USA herauszustellen. Die eigentlichen frühen Ansätze kamen erst mit Michael Segers in den 1960-er Jahren auf, etwa mit:

in the eggshell after the chick has hatched

in der Eierschale, nachdem das Küken geschlüpft ist

Sie wurden aber erst zehn Jahre später durch Marlene Mountain, Chris Gordon und Lorin Ford ins öffentliche Bewusstsein gerückt. Dazu wieder je ein Beispiel:

snow slides the old tin roof
  Marlene Mountain (US)

Schnee rutscht   das alte Blechdach
Schnee rutscht auf dem alten Blechdach

the grease stain on my pants larger after a few days
  Chris Gordon (US)

der Fettfleck auf meiner Hose größer nach ein paar Tagen

deck class sparrows claim my ferry seat
  Lorin Ford (AU)

Spatzen der Deckklasse beanspruchen meinen Fährenplatz

Im ersten Fall sorgt allein eine grammatische Bruchstelle für ein kurzes Innehalten bzw. Nachdenken. Im zweiten bleibt es dagegen bei einer platten, unpoetischen Satzaussage. Im dritten kommt es immerhin noch zu einer Gegenüberstellung von Mensch bzw. Technik und Natur in Verbindung mit einer humorigen Komponente. Man fragt sich allerdings – abgesehen von den schwachen Inhalten – inwieweit die einzeilige Gestaltung hier überhaupt vorteilhaft gegenüber einer etwa zwei- oder dreiteiligen sein sollte.

An dieser Stelle ist anzumerken, dass William J. Higginson, amerikanischer Autor, Übersetzer und Gründungsmitglied der „Haiku Society of America", als „wahre Einzeiler" nur solche gelten lassen wollte, „die keine erzwungenen Pausen enthalten, die durch Leerzeichen, Grammatik, Syntax oder Interpunktion angezeigt werden"[9]. Dabei unterschied er zwischen drei Typen:

1. Haiku in einem Zug (One-Stroke Haiku)

„Das sind solche, die den Leser augenblicklich von einem Ende zum anderen voranzutreiben scheinen."

> crow caw shatters the silence between composers
> Janice M. Bostok (AU)
>
> Krähenkrächzen zersplittert die Stille (bzw. das Schweigen) zwischen Komponisten

„Man könnte hier sicherlich mit Leichtigkeit drei Zeilen ausfindig machen, aber sowohl das Thema als auch der Klang des Gedichts treiben auf ein Ende zu, bevor man zu einer Überlegung kommt, wo es unterbrochen werden könnte. Macht man das, findet man keine Unterbrechungen, die eine bessere Lektüre ermöglichen, und so kehrt man zu der durchgehenden Lektüre zurück, mit der man begonnen hat. Zu beachten ist ferner, dass eine Aussage wie „die Stille zwischen den Komponisten" selbst zum Nachdenken anregen kann."

2. Einzeilige Haiku im klassischen Stil (Classical Style One-Line Haiku)

„Das sind solche, die einen klassischen Haiku-Rhythmus haben, der sich leicht in drei Phasen aufteilen lässt, wobei die mittlere oft länger ist – wie im

---

[9]https://www.simplyhaiku.com/SHv2n5/haikuclinic/haikuclinic.html (8.8.2022): Haiku Clinic # 3: From One-line poems to One-line Haiku. Auch die drei nachfolgenden Beispiele entstammen mit ihren Erläuterungen dieser Quelle!

traditionellen Japan und in dreizeiligen Haiku in anderen Sprachen –, die aber davon profitieren können, wenn man sie quasi durchgehend liest, was auch die Autoren offensichtlich beabsichtigen. Es handelt sich meistens um Grenzfälle zwischen dem Haiku in einem Zug und der folgenden Gruppe. Sie lassen aber ein größeres Spiel mit dem inneren Rhythmus eines Haiku zu als dies normalerweise in einem Drei-Zeilen-Gedicht der Fall ist."

i open the door darkness letting in a strange moth

    R. Clarence Matsuo-Allard (US)

ich öffne die Tür Dunkelheit lässt eine fremdartige Motte herein

„Eine schnelle erste Lektüre legt nahe, ‚Dunkelheit' als das Objekt zu isolieren, dem man begegnet, wenn die Tür geöffnet wird, und das zwischen den Aktionen des Öffnens der Tür und des Einlassens der Motte steht. Aber eine Haiku-Lektüre, die für den normalen Kurz-lang-kurz-Rhythmus eines klassischen Haiku empfänglich ist, reformiert das Zentrum des Gedichts als ‚Dunkelheit [ist] das Hereinlassen' – eine Handlung, die sicherlich die Seltsamkeit dieser Motte und die Kälte des Gedichts verstärkt."

3. Einzeilige Haiku mit mehreren Bedeutungen (Multiple-Meaning One-Line Haiku)

„Das sind solche, die zwar einen klassischen Haiku-Rhythmus haben, dem Leser aber auch eine Reihe von syntaktischen Elementen bieten, die unterschiedliche Interpretationen des Gedichts zulassen, je nachdem, wie der Leser die Bewegung des Gedichts verfolgt. In diesen Fällen kann der aufmerksame Leser feststellen, dass mehrere unterschiedliche und sich überschneidende Bedeutungen gleichzeitig vorhanden sind."

shadows darkening three-seventh of her face in sunlight

    Elizabeth Searle Lamb (US)

Schatten, die drei Siebtel ihres Gesichts im Sonnenlicht verdunkeln

„Der Verlauf dieses Haiku ist der Weg der Schatten durch das Lichtfeld, das die Sonne auf der monumentalen Statue, Picassos ‚Büste der Sylvette', erzeugt, welche das Viertel in New York City schmückt, in dem Lamb lebte, als das Gedicht geschrieben wurde. Zunächst verdunkeln die Schatten drei Siebtel des kantigen Gesichts, das die Statue zeigt. Dann, in einem fast unbemerkten Herzschlag, sind nur noch drei Siebtel ihres Gesichts ‚im Sonnenlicht'; am Anfang und in der Mitte des Gedichts bleibt etwas mehr als die Hälfte des Gesichts im Sonnenlicht, aber wenn wir uns durch die Mitte zum Ende bewegen, wird subtil, aber schnell, etwas weniger als die Hälfte des Gesichts erhellt. Welch ein schönes Gedicht, aufgebaut nach kubistischen Prinzipien."

Es bleibt anzumerken, dass sich inzwischen fast alle Monoku über eine deutliche Zäsur definieren, damit also formal letztlich sozusagen mit einem Zweizeiler identisch sind. Dazu zwei Beispiele, kommentiert von Jim Kacian.[10]

express train the beverage cart taking forever

Aaron Barry (CA)

Expresszug, der Getränkewagen braucht ewig

„In diesem Gedicht spürt man die Ungeduld, mit der der Betrachter darauf wartet, sein Getränk zu bestellen. Das einzeilige Format vermittelt die Vorwärtsbewegung des Zuges im Gegensatz zu der langsameren Bewegung des Wägelchens. Hinzu kommt die Ironie, dass der Zug ein Expresszug ist, doch sein Service so langsam. Auch wird hier der Gang als geradlinig empfunden, da er sich über die gesamte Länge der Sitze erstreckt."

autumn   my car has a moonroof

Alan Peat (GB)

Herbst   mein Auto hat ein Schiebedach

---

[10]Jim Kacian ist einer der bekanntesten, amerikanischen Haiku-Dichter, Herausgeber, Verleger und Redner. Seine 1993 gegründete „Red Moon Press" ist der größte Haiku-Verlag außerhalb Japans.

„Die Lücke zwischen ‚autumn' und ‚my' gibt die Öffnung des Wagendaches an. … Als konkretes Gedicht hat der Autor das Gedicht buchstäblich in eine visuelle Darstellung eines Autos verwandelt. Es gibt hier aber auch ein zeitliches Innehalten. Der Zwischenraum zwingt den Leser zur Verlangsamung, indem er die Zeit nachahmt, die es braucht, bis sich das Dach öffnet. Da es sich um ein ‚Mond'-Dach handelt, liegt zugleich die Vermutung nahe, dass der Dichter auch die stille Schönheit des Mondes in einer Nacht im Herbst zu schätzen weiß."

Es ist kaum zu leugnen, dass in diesen Fällen – gestützt auf entsprechende Überlegungen – die einzeilige Form durchaus zusätzliche Deutungen freisetzt. Doch reichen die zugrundeliegenden, rein inhaltlichen Feststellungen für eine poetisch überzeugende Aussage?

Zwischenbilanz: Die einzeilige Schreibweise an sich trägt sozusagen noch nichts zu einer besseren Identifikation des betreffenden Verses mit einem Haiku bei. Dazu entsteht aus abendländischer Sicht grundsätzlich eine nicht unerhebliche Irritation, ist doch hier die Vers- bzw. Strophenstruktur ein wesentliches Merkmal eines Gedichttextes, das es dem Haiku erlaubt, sich von anderen Gedichtformen zu unterscheiden.[11] Dies wird sogar von dem Japaner Susumu Takiguchi, der schon seit 1971 in England gelebt, gelehrt und 1998 den „World Haiku Club" gegründet hat, bestätigt, wenn er betont: „… Zeilenumbrüche und die Folgen daraus gehörten schon immer zu den grundlegenden Eigenschaften und Erfordernissen der westlichen Dichtkunst."[12] Unter dem Einfluss der modernen westlichen Poesie finden sich sogar schon japanische Haiku, die systematisch auf mehrere Zeilen verteilt werden. Nachfolgend ein Beispiel des Avantgardisten Shigenobu Takayanagi (1923–1983):

---

[11]Lamping, Dieter: „Das lyrische Gedicht. Definitionen zu Theorie und Geschichte der Gattung," Göttingen (Vandenhoeck und Ruprecht) 3 Dieter Burdorf, 2000.: „Einführung in die Gedichtsanalyse". Sammlung Metzler 3 Stuttgart, 2015.
[12]Originalaussage: „… the turning of lines and its results have been one of the most fundamental features and requirements of Western poetry"

Mi o sorasu niji no	Die Krümmung eines Regenbogens
Zetten	Auf dem Berggipfel
Shokeidai	Ein Galgen

Dazu eine weitere, inhaltliche Erläuterung des japanischen Psychiaters Kan'ichi Abe:

„Der Begriff Regenbogen, im klassischen Haiku ein Sommer-Jahreszeitenwort, verliert hier jede *kigo*-Funktion, wird zum Bild, Symbol. Somit beschreibt dieses Haiku eine fremde Landschaft tiefenpsychologisch."

Zur Erinnerung: Die geläufige Unterteilung in drei Glieder besorgte im traditionellen Haiku allein der Rhythmus, bestehend aus 5-7-5 Moren.

Indem aber selbst Taneda Santōka (1882–1940) seine Freistil-Haiku traditionsgemäß weiter in nur einer Zeile niederschrieb, überließ er wiederum ganz dem Leser zu entscheiden, wo etwaige Zäsuren einzurichten seien. Das gleiche Problem ergibt sich für einen Übersetzer, stellen doch seine Entscheidungen beim Zeilenumbruch zugleich immer schon eine Interpretation dar. Bezeichnend ist in diesem Zusammenhang, dass etwa der amerikanische Santōka-Übersetzer William Scott Wilson trotzdem durchgehend die dreizeilige Versform gewählt hat, obwohl oder gerade weil Santōkas Haiku eine sehr unterschiedliche Länge von 8 bis 28 Silben aufweisen! Hier nun seine Begründung im Vorwort seiner Veröffentlichung[13]:

„Diese Entscheidung ist nicht völlig willkürlich. Ich habe eine Reihe von Übersetzungen gesehen, die diese Gedichte wie Epigramme behandelt haben, indem sie sie in einer einzigen Zeile wiedergeben. So präsentiert erscheinen sie visuell als das, was wir Westler gewohnt sind, sie entweder als philosophische Pensées oder als kluge Sprüche zu betrachten. Sie sind keins von beiden. Gleichzeitig scheint bei einer einzeiligen Darstellung der Ein- und Ausatmungsrhythmus zu fehlen, der das Muster selbst der kürzesten dieser Verse ausmacht."

---

[13]Scott Wilson, William: *The Life and Zen Haiku Poetry of Santōka Taneda*, Clarendon VT (Tuttle Publishing) 2021, ISBN 978-4-80531-655-9

Dazu führt er noch als Beispiel an und kommentiert:

My rainhat's	Mein Regenhut
leaking,	undicht
too?	er auch?

„Das ‚auch' in dieser Strophe ist der eigentliche Fokus, ein Gefühl, das verloren ginge, wenn das Gedicht als possierlicher Einzeiler vorgetragen würde."

Noch deutlicher tritt diese vertane Akzentuierung wohl in dem folgenden Beispiel der Amerikanerin Helen J. Sherry zutage:

cow chewing its warm breath   Kuh kauend ihren warmen Atem

Als Dreizeiler verfasst käme sogar noch eine Scharnierfunktion zum Tragen, was sich leider im Deutschen nicht adäquat komprimiert umsetzen lässt:

cow	Kuh	Kuh
chewing	kauend	kauend
its warm breath	ihr warmer Atem	ihren warmen Atem

Nur noch zwei Beispiele von zahlreichen anderen, wie sie einem gerade im anglophonen Bereich begegnen, welche offensichtlich grundsätzlich von der Annahme ausgehen, dass die üblichere japanische Schreibweise in nur einer Zeile auf jeden Fall einen Mehrgewinn darstellt:

river bend the curve of a raven's cry
     Gregory Peck (US

abbey gardens the cabbage white closes her wings
     Sheila Windsor (GB)

Doch steht wohl außer Frage, dass sich in diesen Fällen eine dreizeilige

Ausformung viel wirkungsvoller ausgemacht hätte:

Flussbiegung	Abteigärten
die Kurve	der Kohlweißling schließt
eines Rabenrufs	seine Flügel

Auffällig ist ohnehin, dass man anderswo – wie schon angemerkt – im westlichen Haiku seiner einzeiligen Wiedergabe kaum eine Beachtung schenkt! Dagegen hat sich insbesondere in den USA in dieser Hinsicht geradezu ein Experimentierfeld entwickelt. Als Beweis mag eine Veröffentlichung[14] dienen, die sich ausdrücklich als Bestandsaufnahme des englischsprachigen Haiku verstand und vor Ort viel positive Resonanz erfuhr. Nichtsdestotrotz meldeten sich insbesondere mit Bezug auf die Vielzahl der auch darin enthaltenen Einzeiler sogar bedeutende interne Stimmen kritisch zu Wort, wie etwa die von Jane Reichhold[15] oder Jim Wilson[16].

---

[14]Kacian, Jim / Rowland, Philip / Burns, Alan (Eds..): "Haiku in English: The First Hundred Years," New York (W. W. Norton & Company) 2013, 464 p., ISBN 978-0-39334-887-3

[15]Übersetzter Auszug aus einer Rezension in der Internet-Zeitschrift „LYNX (Luchs) - A Journal for Linking Poets", 28:3, October 2013: „Ich war erstaunt über die große Anzahl von Haiku, die in einer Zeile geschrieben wurden. Als ich sie las, wurde mir klar, dass derjenige, der die Gedichte für das Buch ausgewählt hatte, nicht sehr sorgfältig vorgegangen war. Einzeiler können genauso gut sein wie ein dreizeiliges Haiku in den Händen eines Erfahrenen. Der größte Schwachpunkt dieser Form ist, dass sie leicht zu einem einfachen, aneinander gereihten Satz werden kann. Es ist absolut wichtig, dass der Autor das Konzept versteht und anwendet, dass sich ein Haiku aus zwei Teilen zusammensetzt – dem Fragment und der Phrase, vor allem, wenn es keine Zeilenumbrüche gibt, die dieses Merkmal des Haiku anzeigen. Erfahrene Haiku-Autoren können den Schnitt mit Hilfe der Grammatik erstellen; weniger Versierte benötigen die Interpunktion. Wenn sie das nicht beachten und einen Einzeiler daraus machen, wird das sogenannte Haiku einfach zu einem Satz. So kann man schließlich einen jeden Satz, dem man begegnet, zu einem Einzeiler-Haiku erklären. Außerdem ist es für das Auge zu einfach, mit nur einer einzigen Bewegung über die eine Zeile zu schweifen. Die Zeilenumbrüche halten indes das Auge des Lesers an und geben dem Gehirn die Zeit, sich ein rechtes Bild zu machen, bevor es ein weiteres Bild einfängt, um es wiederum zu ergänzen, und erst dann entsteht das Bild, das das Gedicht letztlich zusammenhält."

[16]Übersetzter Auszug aus einer Rezension in der Internet-Zeitschrift „LYNX (Luchs) - A Journal for Linking Poets", 28:3, October 2013: „Jemand, der keinen großen Überblick über die aktuellen Haiku-Stilrichtungen hat, dürfte einen falschen Eindruck von dem bekommen, was nun tatsächlich geschrieben wird … Die Anthologie enthält eine große Anzahl Einzeiler, von englischsprachigen Dichtern oft auch als „Monostich" oder „Moniku" bezeichnet. Ich halte sie für unglaublich langweilig. Ich gebe es zu, ich habe eine Abneigung gegen Einzeiler. Nun ja, ich habe auch

Doch trotz aller Einwände selbst aus prominentem Munde hat der Einzeiler in den USA kaum an Beliebtheit eingebüßt, ganz im Gegenteil, er entwickelt mehr und mehr ein Eigenleben, das letztlich sogar zu seiner Abspaltung bzw. Verselbstständigung führen mag, was umso bedauerlicher ist, als es auch in dieser Form durchaus Beispiele gibt, die dem Anspruch eines wahren Haiku ohne weiteres genügen.

Der hier nun mit so viel Verve neu eingeschlagene Weg bringt allerdings überwiegend Ergebnisse hervor, die einfach nicht mehr mit den Erwartungen, die dem Haiku nach herkömmlichem Verständnis entsprechen, zu vereinbaren sind. So bemüht sich auch der bereits erwähnte Jim Kacian in Anlehnung an die von William J. Higginson herausgestellten Kategorien erneut um eine Untermauerung der Daseinsberechtigung des Monoku in seinem Sinne, indem er sich prinzipiell auf jene drei Techniken bezieht.

1. „One-line-one-thought" (Eine Zeile ein Gedanke). „Hierbei handelt es sich nicht um eine Anhäufung von Bildern in der Fantasie, sondern um nur ein einzelnes Bild, das in einem zweiten, angedeuteten oder erklärten Kontext erweitert oder ausgearbeitet wird."

2. „Sheer speed" (Schiere Geschwindigkeit). „Das Vorbeirauschen des Bildes an der Vorstellungskraft führt zu einem atemlosen Aufnehmen des Ganzen …"

3. „Multiple kire" (Mehrfache Einschnitte): „Der Vorteil von einzeiligen Gedichten ist, dass der Leser mehrere Stopps machen kann, und zwar jedes Mal einen anderen."

Ausnahmen mit einigem poetischen Anspruch gesehen. Aber nicht wenige der in dieser Anthologie enthaltenen Einzeiler sind völlig intransparent; keine noch so eingehende Analyse oder Betrachtung wird ihre Bedeutung aufhellen. Sie rechtfertigen sich allein durch ihre bloße Existenz. … Und meiner Meinung nach spiegelt die große Anzahl von Einzeilern hier keineswegs den Platz wider, der ihnen innerhalb des englischsprachigen Haiku gebührt. Der Einzeiler ist nämlich nur am Rande von Interesse, doch sein häufiges Auftreten in dieser Anthologie führt zu der Annahme, dass er einen größeren Stellenwert hat."

An anderer Stelle[17] präzisiert er diese Kriterien in veränderter Reihenfolge so:

1. eine höhere Wahrnehmungsgeschwindigkeit,
2. eine verstärkte Eingabe der Fantasie des Lesers,
3. eine größere Vielfalt an Bedeutungen.

Und die Folgerungen, die er daraus zieht, lassen klar erkennen, dass diese Entwicklung nicht länger mit den Gegebenheiten zu vereinbaren ist, die das Haiku traditionell charakterisieren. So kommt er nämlich selbst zu dem Schluss, dass

> „das Monoku nicht einfach aus dem Bedürfnis entstanden ist, anders zu sein. Es bietet in der Tat eine Reihe von technischen und stilistischen Möglichkeiten, die dem dreizeiligen Haiku nicht zur Verfügung stehen, auch nicht der japanischen vertikalen Einzeilerform. Es bietet Ressourcen, die man anderswo im Haiku nicht finden kann, und wo es Neuland gibt, werden Dichter es besiedeln."

Schauen wir uns nun diese Kriterien des Näheren an"

1. Prinzipiell widerspricht zunächst die erhöhte Durchlauflesegeschwindigkeit geradezu der Grundstruktur des Haiku, welche mit ihrem dreigeteilten Morenrhythmus ausdrücklich zum Innehalten auffordert. Wenn wir noch einmal analysemäßig auf das Vorreiterbeispiel mit der leeren Eierschale von Michael Segers (s. o.) zurückgreifen, so stellt sich – abgesehen von der wohl kaum überzeugenden Aussage – die Frage, ob nicht ein Aufbau in dreiteiliger Form sogar noch eher bzw. mehr zum Nachdenken führen würde:

---

[17]Kacian, Jim: Kacian, Jim: where I leave off / waar ik ophoud – one-line haiku and haibun / éénregelige haiku en haibun, Den Bosch Nederlands ('t schrijverke) 2010, ISBN 978-94-9060-702-9

in the eggshell	in der Eierschale
after the chick	nachdem das Küken
has hatched	geschlüpft ist

Bei der Betrachtung eines weiteren Beispiels inklusive seiner Kommentierung durch Jim Kacian[18] selbst wird klar, dass es von dem vorweggenommenen Interpretationsansatz und nicht von dem zugrundeliegenden, beobachteten Phänomen abhängt, welche Richtung hier letztlich eingeschlagen wird.

in and out of a seashell autumn light

    Ramesh Anand (IN)

rein und raus aus einer Muschel Herbstlicht

„Das eigentliche Thema dieses Gedichts, das Meer, wird nie erwähnt, und das ist das Schöne an diesem kompakten Monoku. Die einzeilige Form ist hier besonders effektiv, denn sie nutzt die Technik, die ich als ‚Bildeiltempo' bezeichne, um so den gesamten Inhalt zu vermitteln, bevor ihn der Redakteur im Kopf sortieren kann. Nur wenn wir ihn ein zweites Mal lesen, sehen wir das Bild in seiner Gesamtheit, aber die Art und Weise, wie das Gedicht aufgebaut ist, macht uns Lust – ja, schafft das Bedürfnis – es noch einmal zu lesen. Die besondere Qualität des Herbstlichts, das an sich schon flüchtig ist, wird durch seine vorübergehende Verfügbarkeit noch verstärkt. Auch erinnert der Rhythmus der Worte an diesen Inhalt mit dem ankommenden Rauschen der ersten sieben Silben, das mit dem sanften „sch" beim Brechen der Welle endet, gefolgt von dem Abebben mit den letzten drei und gipfelnd in der Endgültigkeit der letzten betonten, aber absteigenden Silbe. Ein in jeder Hinsicht gekonnt gestaltetes und einprägsames Gedicht."

Auch hier ist es fraglich, ob nicht eine Dreiteilung das regelmäßige Wogen der Wellen sogar umso mehr zur Geltung gebracht hätte wie auch ein spezielles Ins-Blickfeld-Rücken des Herbstlichts.

---

[18]http://neverendingstoryhaikutanka.blogspot.com/2016/02/

2. Was sodann die angeblich verstärkte Eingabe der Fantasie des Lesers anbetrifft, so bleibt der erkennbare Zugewinn ähnlich in der Schwebe. Hier eins von Jim Kacians eigenen Beispielen:

reading the time-travel novel into the next day

den Zeitreiseroman bis in den nächsten Tag hinein lesen

Wo dahinter noch andere Bildvorstellungen aufscheinen könnten, bleibt an sich schon ein Rätsel, und im Übrigen gehörte dieses Monoku wohl noch eher zur ersten Kategorie des eingleisigen Hochgeschwindigkeitsgedankens. Ein anderes Beispiel von Bob Redmond (US) überzeugt schon eher, allerdings nur bezüglich der mit dieser Methode in eins anvisierten „Aufhebung bzw. Aufweichung des ‚fragment and phrase‘ Layouts"[19]:

ducks coming in for a landing november just maybe

Enten zur Landung einschwebend im November vielleicht

Und wieder mutet Jim Kacians Kommentar ziemlich zurechtgebogen im Hinblick auf die angesetzten Erwartungen an:

„Die verlängerte Zeile dieses Gedichts lässt uns das langsame Gleiten der Enten miterleben, wahrscheinlich während sie sich einem See nähern. Wir erhalten ein schönes Bild ihrer ‚endgültigen Annäherung‘, das in einem dreizeiligen Haiku nicht so effektiv vermittelt werden könnte. Ebenso drückt die nur eine Zeile den Lauf der Zeit aus. Dem Autor ist nicht klar, um welchen Monat es sich handelt. Die Zeit fließt in diesem Fall unabhängig vom Bewusstsein des Dichters weiter."

Allenfalls die erste Wahrnehmung ist stimmig. Die anderen

---

[19]Jim Kacian: „Das Weglassen jeglicher ‚fragments‘ wird zu einer der am häufigsten verwendeten Techniken im Werkzeugkasten des aufstrebenden Monoku." Gemeint sind die bruchstückhaften, meist einleitenden Fragmente, die im traditionellen Haiku zur situativen Einordnung der nachfolgenden Hauptaussage dienen.

Beobachtungen interpretieren eher von den augenfälligen Tatsachen weg, zumal weg von einer Momentaufnahme! Viel zu wenig für eine echte Anreicherung der Fantasie!

3. Und wieso Jim Kacians folgendes Musterbeispiel ein Mehr an Stopps und damit an Bedeutungen freisetzen soll, bleibt wohl für immer sein Geheimnis:

where the smoke from the chimney ends infinity

wo der Rauch aus dem Schornstein endet Unendlichkeit

So oder so ein komplexes Konstrukt, mit dem sich der Autor allerdings in gewisser Weise selbst widerspricht, wenn er woanders prägnant bemerkt, dass sich ein Monoku durch mehr Klarheit als ein Haiku in drei Zeilen auszeichnet: „Es sagt, was es ist!" Eine zweifelhafte Feststellung, denn gerade Einzeiler zeigen eine erhöhte Tendenz, sich immanent kompakt und überkompliziert zu geben.

Überzeugender für mehrere potenzielle Bruchstellen ist gegebenenfalls das folgende, von Kat Lehmann und Robin Smith angeführte Beispiel laut ihren eigenen Erklärungen[20]:

frog inside the bamboo so tiny the moon

Frosch im Bambus so winzig der Mond

Unter Ausnutzung aller möglichen Zäsuren mag es zu folgenden Akzentuierungen kommen:

---

[20]Ein Essay mit dem Titel *Haiku: Walking the Fine Line* in den Mitteilungen der amerikanischen Haiku-Gesellschaft (HSA) vom 5. Dezember 2021

frog inside the bamboo so tiny / the moon

→ Nachdruck auf den Mond

frog inside the bamboo / so tiny the moon

→ ~ auf die Kleinheit des Mondes

frog / inside the bamboo / so tiny the moon

→ ~ auf die Beziehung zwischen Frosch und Mond

frog inside / the bamboo so tiny / the moon

→ ~ auf den Standort des Mondes

frog / inside the bamboo / so tiny / the moon

→ abgehackter Sinn mit gebrochenem Rhythmus

Zwar werden bei einer Aufgliederung in drei Verse nicht unmittelbar all diese denkbaren Lesarten erfasst, doch geht dabei letztlich wirklich so viel Entscheidendes an der Kernaussage verloren?

Unabdingbarer erscheint dagegen ein anderes Beispiel der Autoren:

how the wind sighs every september song

wie der Wind seufzt jedes Septemberlied

wie der Wind / jedes Septemberlied / seufzt

Allerdings bliebe auch hier zu überlegen, ob nicht das retardierende Element einer Zäsur der inhaltlichen Wahrnehmung eher gerecht würde als die „höhere Wahrnehmungsgeschwindigkeit" bei einem Einzeiler.
Wahrscheinlich spricht das folgende Beispiel wegen seines fortlaufenden Vorgangs noch eher für die Wahl eines Einzeilers. Generell spielen natürlich immer auch der Rhythmus und die Musikalität eine Rolle.

curling into the bowl the shadow then the peel

sich kringelnd in die Schale der Schatten, dann die Schale

Auch wortspielartige Verdichtungen können hier den Ausschlag geben:

the blue swallows the blue swallows

das Blau verschluckt die blauen Schwalben

Bei ausgeklügelter Interpretation lassen sich weitere Varianten ausmachen, so wie die Autoren es eben sehen:

„Die trügerische Einfachheit von drei sich wiederholenden Wörtern lässt dieses Gedicht singen. Hätte man zusätzliche Wörter verwendet, würde man den einlullenden Reichtum der möglichen Lesarten verfehlen. Als Substantiv ist eine Schwalbe eine Vogelart. Als Verb gelesen, kann ‚schluckt‘ auch ‚hüllt ein‘ oder ‚faltet sich ein‘ bedeuten. ‚Blue‘ kann die Farbe meinen oder ein Synonym für ‚Himmel‘ sein. Der Klarheit halber werden die verschiedenen Auslegungen nachfolgend im Einzelnen beschrieben:

the blue sky envelops the blue birds

der blaue Himmel verschluckt die blauen Vögel

the blue sky folds into itself – look at the birds

der blaue Himmel verhüllt sich – sieh die Vögel

the blue birds … the blue birds

die blauen Vögel … die blauen Vögel

the blue sky folds into itself … the blue sky folds into itself

der blaue Himmel verhüllt sich … der blaue Himmel verhüllt sich
Die vorletzte Variante liest sich wie eine Meditation, die letzte wie ein Verwirbeln."

Bei nüchterner Annäherung kommt man jedoch wohl nicht umhin, das Ganze in erster Linie als ein Wortspiel zu betrachten, bei dem allenfalls die erste und dritte Variante nicht zu weit hergeholt erscheinen. Darüber hinaus muss man sich fragen, ob eine inhaltlich derart simple Aussage überhaupt ausreicht, um als ein gelungenes Haiku Anerkennung zu finden.

Doch selbst wenn sich noch bei all den dargelegten Argumenten ein brachliegendes Terrain auftäte, bleibt ein nicht wegzudiskutierender Einwand im Raum, denn der Zugewinn weiterer Bedeutungen kommt letzten Endes weniger dadurch zustande, dass vermehrt Pausen eingerichtet werden, um zu solch neuen Lesarten zu gelangen. Diese ergeben sich vielmehr im Mutterland des Haiku durch die besonders ausgeprägte Polysemie der japanischen Wörter selbst, woraus sich eine völlig andere Ausgangsposition bei der Erkennung anderer verborgener Gedankengänge ergibt.

Als Zwischenergebnis bezüglich dieser Kategorisierungskonstrukte ist demnach festzustellen, dass sie sich kaum, d. h. nur in Einzelfällen, beim Rückblick auf die Ursprünge der Gattung rechtfertigen lassen. Doch wie sehen nun die grundsätzlichen Betrachtungen abgesehen von solchen Klassifizierungsergebnissen aus? Wie kommen Einzeiler ansonsten an? Was bleibt zu akzeptieren?

Auf diese Fragen soll in einem zweiten Teil eingegangen werden.

Eleonore Nickolay

Die französische Ecke

In der 77. Ausgabe von Gong beleuchten fünf Autoren und Autorinnen die philosophischen Aspekte des Haiku, allen voran die verantwortliche Redakteurin des Dossiers, Geneviève Fillion. In ihrem Editorial beschreibt sie sehr anschaulich und persönlich, wie sie das Haiku lehrt, ihre Umgebung intensiver wahrzunehmen, ihre Probleme zu relativieren, ihre Ängste zu verarbeiten und wie die Betrachtung der Natur ihr hilft, sich selbst zu hinterfragen und zu erkennen und Sinn zu finden trotz des Wissens um die Endlichkeit der Existenz jeden Lebens. Und hier einige Haiku aus der Auswahl zum Thema „Haiku und Philosophie":

il neige – aucune vue
au bout du chemin
que moi-même

es schneit – nichts zu sehen
am Ende des Weges
außer mir selbst

> Laurène Chatenco

cheveux qui grisonnent
même la pierre des falaises
finit par s'user

ergrauendes Haar
sogar das Gestein der Klippen
nutzt sich am Ende ab

> Marie Derley

pourquoi ce chemin
plutôt que cet autre –
odeur de thym sauvage

warum dieser Weg
eher als dieser andere –
Duft von wildem Thymian

> Lucien Guignabel

Comme hier soir
ce matin l'âne broute
moi je cours et m'agite

Wie gestern Abend
äst heute Morgen der Esel
und ich renne herum

> Joseph Poncin

Eau bleue profonde
l'envie soudaine de quitter
la surface des choses

    Françoise Saint-Pierre

Tiefblaues Wasser
diese plötzliche Lust auf das Verlassen
der Oberfläche der Dinge

Die 21. Sonderausgabe von „Gong" veröffentlicht im Oktober die Ergebnisse der Haiku-Wettbewerbe des Jahres 2022, bei denen sich die „Association Francophone de Haïku" an der Jury-Arbeit beteiligte, sowie die Resultate des jährlichen Haiku-Wettbewerbs, den sie selbst jedes Jahr ausschreibt. Es konnten je drei Haiku zu einem freien Thema und zum Thema „Tastsinn" eingereicht werden.

Hier ein paar Beispiele aus der Juryauswahl:

boîte à livres –
la lecture à voix haute
du SDF

    Rose DeSables

    2. Platz AFH Haiku-Wettbewerb 2022
    freiesThema

Bücherkiste –
mit lauter Stimme liest
ein Obdachloser

Violence du vent
à mon bras la fragilité
de maman

    Francoise Saint-Pierre

    3. Platz AFH Haiku-Wettbewerb 2022
    Thema Tastsinn

Heftiger Wind
an meinem Arm Mutters
Zerbrechlichkeit

Si tendre au printemps
la même herbe maintenant
déchire ma peau

    Hervé Colard

So zart im Frühling
dasselbe Gras reißt jetzt
meine Haut auf

caresser la main
de ce vieil homme, mon père
sait-il que c'est moi?

    Chantal Couliou

die Hand streicheln
dieses alten Mannes, mein Vater
weiß er, dass ich es bin?

unité protégée –
sa main une nouvelle fois
caresse la vitre

    Raphaël Détrie

geschützte Station –
seine Hand streichelt erneut
die Scheibe

vignes enneigées –
deux corbeaux s'initient
à la calligraphie

    Michel Duflo

verschneite Weinstöcke
zwei Raben üben sich
in Kalligrafie

Zwangsräumung
die Leere der Wohnung
nun auf der Straße
seine Gedanken kreuzen
den Wolfsmond

Foto: Paul Bernhard und Tanka: Claudia Brefeld

Conrad Miesen

Porträt und Würdigung von Mario Fitterer

Wenn ich die Gründerjahre der Deutschen Haiku-Gesellschaft Revue passieren lasse und mich dabei frage, wer sie besonders mitgeprägt hat, so kommt mir Mario Fitterer als einer der ersten in den Sinn. Das liegt gewiss nicht nur daran, dass er (wie meine Frau Annelie und ich selbst) zu den Gründungsmitgliedern gehörte und mehrere Jahre als zweiter Vorsitzender im Vorstand der DHG mitarbeitete, sondern das hat insbesondere mit seiner Wesensart und seinem unkonventionellen Haiku-Verständnis zu tun.

Einerseits wusste er sich bei den Mitglieder-Treffen und auch den Gesprächen auf Vorstandsebene stets sehr zurückzunehmen, andererseits hat er doch deutliche Akzente gesetzt.

Kennengelernt hatten wir uns an jenem Januarwochenende 1988, als im Haus von Margret Buerschaper in Vechta die Gründungsversammlung stattfand und wir dabei gleich eine Reihe von gemeinsamen Interessen und Themen entdeckten, die von der Haiku-Poetologie bis zu Martin Heidegger, dem Zen-Buddhismus und Günter Eich reichten.

Bald schon entwickelte sich eine intensive Korrespondenz mit Briefen, die nicht selten einen Umfang von sechs oder sieben Seiten hatten. In Denzlingen und Anhausen fanden auch mehrfach persönliche Begegnungen statt.

Dass Mario sich im Mai 1991 beim 2. DHG-Kongress in Lindenberg im Allgäu nicht mehr zur Wahl als Vorstandsmitglied stellte, bedauerte ich sehr, doch es hat auf unsere weitere Beziehung und den brieflichen Gedankenaustausch keinen negativen Einfluss genommen.

Zur Biografie:

Eigentlich hieß er *Elmar* Fitterer. Wie Mario erzählte, hatte ihn einst ein Freund in geselliger Runde stets mit ‚*El Mario*‘ angesprochen, was ihm so gut gefiel, dass er fortan (von Unterschriften auf offiziellen Dokumenten abgesehen) nur noch unter dem neuen Vornamen ‚*Mario*‘ agierte.

Mario Fitterer wurde 1937 in Freiburg im Breisgau geboren, wohnte später in Denzlingen und Biederbach im Elztal-Gebiet. Einige Semester studierte er nach dem Abitur Klassische Philologie und Romanistik, war als Angestellter und später dann Rechtspfleger tätig.

Die Schwerpunkte seines Schreibens lagen in den Bereichen Prosa, Lyrik, Kurzgedichte nach japanischem Vorbild sowie Essay. Er veröffentlichte in Zeitungen, Zeitschriften, Anthologien und im Hörfunk.

2009 ist er in Biederbach verstorben. Am 30. Januar 2009 wurde er mit einer von Martin Schley gestalteten beeindruckenden Feier im Kreis der Familie und von Freunden beigesetzt. Dabei fiel in alemannischer Mundart wohl auch jener Satz: „Er hät si dervogmacht schtill wie si n kennt hän, e ma vo lise tön." (vgl. Internet-Quelle: Freiburg-Schwarzwald.de // Dichter, Philosophen und Liedermacher. Infos ab 01.01. 2005)

Mario Fitterers Haiku-Verständnis:

Wie schon oben erwähnt, war die Haiku-Poetologie ein Thema, das uns beide sehr beschäftigte und über das wir uns brieflich und bei den persönlichen Begegnungen oftmals ausgetauscht haben. Nachfolgend fasse ich die wesentlichen Merkmale des Haiku-Verständnisses von Mario zusammen: Alle guten Haiku sind wie Bälle, die dem Leser zugeworfen werden und die es aufzufangen gilt. Momentaufnahmen, die das Rad des Denkens anhalten und Transparenz ermöglichen. Nur so wird das Wesen der ihn umgebenden Welt in Augenblicken neu wahrnehmbar. Es gilt also, beim Schreiben eines Haiku Wahrnehmung zu verdichten in der Kürze eines Atemzuges und wie mit einem geglückten Bogenschuss.

Nach der traditionellen Auffassung sollte jedes Haiku naturbezogen und in *einer* Jahreszeit verwurzelt sein; ganz konkret und ein einmaliges, im JETZT erfahrenes Ereignis ausdrückend. Nicht vergessen sollte man die dialektische Spannung und Zweigliedrigkeit dieses kleinen Gedichtes. Der erlebte Haiku-Moment wird möglichst ohne Einmischung des Verstandes zu Papier gebracht. Es darf ‚kein Stückchen Vernunft in der Dichtung schwimmen‘, wie die Japaner sagen.

Zur Realisation der oben angesprochenen dialektischen Spannung gehört eine klare Zäsur, wodurch sich zwei beziehungslose Teile in einem Überblendungsmoment zur allumfassenden Aussage verbinden. Der Autor tritt dabei ganz hinter seinem Gedicht zurück.

Als Orientierungspunkt und von grundlegender Bedeutung war für Mario Fitterer die Abhandlung „Das Reich der Zeichen" des französischen Autors Roland Barthes (1915–1980).

Barthes sah die japanischen Haiku gewissermaßen als die Sprache des Zen.

Bei der Begegnung des Dichters mit der Natur geschieht, wie es Hasumi sagte, eine Manifestation des Nichts, des nicht artikulierten Ganzen, das die Quelle von Subjekt und Objekt ist. Jedes Ereignis ist einmalig und dauert nicht länger als einen Augenblick und verschwindet dann. Jede Wahrheit kann (im Sinn des Zen-Buddhismus) nur persönlich erfahren werden, ohne sprachlich vermittelbar zu sein. Es vollzieht sich in einer Art von Intuition. Man könnte allenfalls auf sie bzw. ein konkretes Ding hinweisen mit einem ‚Da!' – wie ein Kind es tut.

Bleibt noch die Frage, wie man sich das Verhältnis zwischen dem Absoluten und dem Konkreten vorstellen sollte. Das Absolute offenbart sich jeweils in dem konkreten Phänomen selbst. Toshihiko Izutsu erwähnt bei seinen Darlegungen zur ‚Philosophie des Zen-Buddhismus' etwa die *Zypresse im Hof* und äußert: Sie ist das Absolute in diesem Augenblick, an diesem Ort.

Die besten Haiku des großen Matsuo Bashō sind von jenem Geist des Zen erfüllt. Auf zwei Ratschläge des Haiku-Meisters Bashō kam Mario Fitterer in seinen Briefen an mich mehrfach zurück: 1. Wenn du etwas über den Bambus lernen willst, dann geh zum Bambus selbst. 2. Um gute Haiku zu schreiben, muss man die Weltsicht und Spontaneität eines kleinen Kindes haben.

Zum Thema „Kigo", d. h. Jahreszeitenwort im traditionellen japanischen Sinn, sowie dem Naturbegriff im Haiku überhaupt, lässt sich gut ein Beitrag heranziehen, den Martin Berner unter dem Titel „Natur mit Brüchen. Der Haiku-Autor Mario Fitterer" in der Vierteljahresschrift der DHG (Jg. 10, Nr. 39, Dezember 1997, Seite 15 ff.) veröffentlicht hat.

In den (von Berner wiedergegebenen) Äußerungen Mario Fitterers zeigt sich dessen Skepsis, ob wir in Europa Haiku im traditionellen japanischen Geist schreiben können. Der Naturbegriff im Haiku sollte nach Marios Konzept unbedingt erweitert werden, denn Natur finde nicht nur draußen statt, sondern auch im einzelnen Menschen. „Das Zulassen des organischen Spiels der Kräfte sowie das sich dem natürlichen Rhythmus von Tag und Nacht, Ebbe und Flut, Ein- und Ausatmen Überlassen wirkt sich in ökologischer Hinsicht sowie im harmonischen oder Gewalt ausübenden Umgang mit anderen aus." (ebenda, Seite 16 oben) Mario Fitterer interessierte speziell die Nahtstelle zwischen Haiku und der modernen Lyrik, eine wahre Gratwanderung im Grenzbereich japanischer Haiku und der deutschsprachiger Haiku-Versuche. (vgl. ebenda, Seite 16 Mitte)

Auseinandersetzung mit fremdsprachigen Haiku:

Nicht nur mit deutschsprachigen Haiku hat sich Mario beschäftigt, sondern immer wieder auch mit französischen, italienischen und griechischen Haiku. Ihn faszinierte dabei, wie vielfältig die Vorstellungen von Haiku sein können und welch unterschiedliche Strömungen es gibt.

Am griechischen Haiku fand er besonders interessant, dass es nicht nur auf die japanischen Vorbilder zurückgreift, sondern auch aus der eigenen Tradition kommt und eine Verbindung zum Epigramm herstellt. (vgl. Martin Berner, „Natur mit Brüchen", ebenda Seite 15 Mitte) In den Haiku von Alain Kevern, mit denen Fitterer sich auch mehrfach auseinandersetzte, entdeckte er taoistische Elemente.

Zusammenfassend kann man sagen, dass Mario Fitterer durch seine Studien im Bereich der fremdsprachigen Haiku immer neue Impulse erhielt und auch daran schätzte, über die national-sprachliche Grenze hinweg zu sehen, was ihm große Freude bereitete und überraschende Ein- und Ausblicke ermöglichte.

Kulturelle Aktivitäten in der Region Elztal:

In dem schon einmal zitierten Nachruf auf Mario Fitterer unter dem Titel „Autor und Kulturfreund" (Internetquelle: Freiburg-Schwarzwald.de;

siehe oben) wird auch auf Marios intensive Mitarbeit im kulturellen Bereich eingegangen.

Dort heißt es: „Er hat einige Jahre das kulturelle Leben im Elztal bereichert. Als Schriftführer des Elzacher Club Art war Mario Elmar Fitterer lange Jahre der Ideengeber und Organisator vieler Veranstaltungen in Elzach.“

Er arbeitete mit mehreren Mundartschriftstellern zusammen und holte andere, weithin anerkannte Autoren im Rahmen der Reihe „Elztal liest vor“ in die Region, unterstützte auch die Bildung eines Literaturkreises und regte Buchspenden an Elzacher Büchereien an.

„Großen Anklang fanden die Abende mit Bea von Malchus und verschiedene Kabarettisten; mit Bernd Hechinger machte er an Stadtfesten selbst Straßentheater.“ (ebenda Seite 2)

Fitterer war Autor der Literaturzeitschrift ‚*Dr Deyfelsgiger*‘ und Mitglied der Freiburger Autorengruppe.

Was seine kontinuierliche Beschäftigung mit den japanischen Kurzgedichten Haiku und Senryu betrifft, so ließ er es sich nicht nehmen, auch in einigen Vorträgen diese Gattungen einem breiteren Publikum vorzustellen. (z. B. 1992 bei den Japanischen Kulturtagen in Krozingen: „Haiku, ein Augenblick zwischen Loslassen und Ankommen“ und auch anlässlich des 350. Geburts- und 300. Todesjahres von Matsuo Bashō im Jahr 1994.)

Auswahl von Haiku (die Mario Fitterers Buch-Publikationen und den Bio-/Bibliografien der Mitglieder der DHG entnommen wurden):

Stare scharen sich
nicht ans Heimfahren denkend
noch einen zwitschern

Ein stiller Brunnen
mitten im Wald die letzte
Nadel fällt hinein

Verlassene Alm
der Landstreicher hält die Hand
in den Viehbrunnen

Schmelzwasser steigen
am Otterbach winkt der Zöllner
weiter zu atmen

Die ganze Habe
auf dem Buckel des Alten
im Auge das Meer

Silvesterrätsel
wohin soll ich mich wenden
Münsterturmläuten

staunen
buschwindröschen
im schelmengraben

start nach finisterre
in der frühe
auflodernde forsythien

Quellenhinweis:

- Nr. 1, 2, 4 und 6 aus Mario Fitterer: „Der Skilehrer warnt Schatten weiterzuwachsen. Haiku" Eigenverlag, Denzlingen 1990
- Nr. 3 aus der Bio-/Bibliographie der Mitglieder der DHG, 1990; Seite 52
- Nr. 5 aus der Bio-/Bibliographie der Mitglieder der DHG, 1994; Seite 73
- Nr. 7 und 8 aus Mario Fitterer: „EOS es ist rot ÜBERHOLT", Mafora Verlag Biederbach 2007; Seite 9 und 10

Auswahl-Bibliografie zu Mario Fitterers Publikationen
(betrifft nur die japanischen Gedichtformen)

a. Unselbstständige Publikationen:

- Anthologie der deutschen Haiku. Hrsg. Von Hachiro Sakanishi, Herbert Fussy, Kaoru Kubota und Kakucho Yamakage, Sapporo/Hokkaido: Dairyman 1978
- Zuviel Welt ausgespart. Japanische und alemannische Haiku.
  In: D' Deyflsgigger, 1985, Seite 33–41
- Die Mobilisierung des Kreislaufs der Fabrik und der Zyklus der Natur.
  In: Vierteljahresschrift der DHG, Februar 1992
- Wie kann ein Ereignis im Haiku zur Sprache kommen? In: Vierteljahresschrift der DHG, Dezember 2000
- Haiku in Italien. In: Vierteljahresschrift der DHG, Mai 2001
- Rezension zu Texten von Roswitha Erler und Kurt F. Svatek
  In: Vierteljahresschrift der DHG, September 2003
- Zum Kuckuck. Haiku und moderne Haiku-Lyrik. 15.9.2007
  Im Archiv von Haiku-heute.de

b. Selbstständige Publikationen:

- Der Skilehrer warnt Schatten weiterzuwachsen. Haiku
  Eigenverlag, Denzlingen 1990

– Der springende Stein. Haiku und ein Dialog; mit Graphiken von Angela Fitterer. Mafora Verlag, Denzlingen 1993
– EOS es ist rot ÜBERHOLT. Mafora Verlag, Biederbach 2007

Rüdiger Jung / Conrad Miesen

FLUGVERSUCHE

Rengay i. m. Mario Fitterer

Bashos Frosch
beim Springen zugesehen –
kommt er jemals an?

Einstein und Zeitlupe
führen Regie

wenn Mario
sich fallen lässt und mit der
Sonne verschmilzt

Nasses Salz –
für Ikarus
nur die zweite Wahl

Mit Flugversuchen
dem Labyrinth entkommen –

eine Träne
als Tribut
für alle schwarzen Segel

RJ: 2, 4, 6 / CM: 1, 3, 5

Moritz Wulf Lange

Hintergründe des Haiku

Zu einer Seminarreihe mit Prof. Makoto Aoki von der Universität Ehime/Japan

Was weiß man in Deutschland vom japanischen Haiku? Ein paar Dinge, gewiss: Man weiß, dass im Haiku auf kleinstem Raum sehr viel ausgedrückt wird. Man kennt die klassische Form von fünf, sieben und fünf Silben in drei Versen – in der deutschsprachigen Lyrik die meistgebrauchte Form des Haiku und in jüngster Zeit von Dichtern wie Durs Grünbein und Jan Wagner (beide Büchner-Preisträger) gepflegt. In der bundesdeutschen Haiku-Szene ist ebenfalls das Haiku in freier Form sehr populär. Man weiß meistens, dass ein klassisches Haiku einen Naturbezug hat, der durch ein Jahreszeitenwort ausgedrückt wird, und vielleicht auch, dass hier einer der entscheidenden Unterschiede zum Senryu liegt. Ferner ist den meisten bekannt, dass ein Haiku konkret und gegenwärtig sein sowie einen Nachklang haben sollte.

Warum das alles so ist – das weiß man oft nicht. Seit dem Frühjahr 2021 hatten die Haijin der Haiku-Gruppe in der Deutsch-Japanischen Gesellschaft in Bayern, des Augsburger Haiku-Kreises und einige Gäste aus Japan jedoch die Möglichkeit, ein wenig tiefer in die Welt des Haiku einzusteigen. Die Leiterin der Gruppe, Yuko Murato, organisierte eine hochkarätige Seminarreihe mit Prof. Makoto Aoki von der Universität Ehime. In bisher neun Seminaren, die alle als Videokonferenz stattfanden, gab uns Prof. Aoki einen Einblick in die Hintergründe des Haiku.

Ein grundlegender Aspekt im Zusammenhang mit dem Haiku ist das Jahreszeitenwort, das Kigo. Es zeigt die Jahreszeit an, das ist bekannt – aber warum tut es das? Prof. Aoki brachte uns zunächst sehr anschaulich anhand von Bildern und Filmsequenzen nahe, wie viel mehr als in Deutschland das Leben in Japan auch im Alltag immer noch von den Jahreszeiten

geprägt ist. Kurz gesagt, kann man den Unterschied zwischen der Natur-
wahrnehmung in Deutschland und in Japan vielleicht folgendermaßen aus-
drücken: In Deutschland neigen die Menschen dazu, sich von der Natur
abzugrenzen: Hier sind wir und da ist die Natur, die es, je nach Standpunkt,
auszubeuten oder zu schützen (oder zu bedichten) gilt. In Japan neigen die
Menschen dazu, die Natur zu sehen und als selbstverständlichen Teil ihres
Alltags – bzw. sich selber als selbstverständlichen Teil der Natur – zu be-
trachten. Das hat für das Haiku eine nicht uninteressante Konsequenz:
Durch die Verflechtung von Mensch und Natur in Japan ist das japanische
Haiku, seinem Wesen nach, immer auch ein Alltagsgedicht – nur dass die
poetische Idee unter Einbeziehung eines Motivs aus der Natur dargestellt
wird. Ein Naturgedicht im deutschen Sinn ist das Haiku jedenfalls nicht,
so viel wurde uns schnell klar. Auf diesen Aspekt hat übrigens in der
deutschsprachigen Literatur bereits 1989 der Japanologe Dr. Karlheinz
Walzock, ein Mitarbeiter des damaligen japanischen Generalkonsuls in
Frankfurt, Dr. Tadao Araki, in seinem Aufsatz „Die Dinge und das schau-
ende Ich. Haiku als geistige Haltung" hingewiesen; der Aufsatz erschien
1992 nachgedruckt in einem Sammelband im Iudicium-Verlag, München.

Die Tatsache, dass die Natur ein selbstverständlicher Teil eines jeden
Menschenlebens ist und viele Naturerfahrungen grundsätzlich allen ge-
meinsam sind, macht es nun möglich, sie im Haiku in einer besonderen
Funktion einzusetzen. Anhand von Beispielen aus der japanischen Haiku-
Dichtung zeigte Prof. Aoki, wie persönliche Eindrücke an jahreszeitliche
Phänomene gekoppelt werden können. Auf diese Weise wird der Leser-
schaft, über die Menge der gemeinsamen Naturerfahrung, ein Zugang zur
Sichtweise des Dichters bzw. der Dichterin ermöglicht.

Zu dieser Erkenntnis über die Rolle der Natur im Alltag und im Haiku
kam noch ein weiterer Aspekt des Kigo, von dem in deutschen Texten so
nicht die Rede ist: die Vergänglichkeit bzw. Veränderung (utsuroi und mu-
jō). Zunächst verglich Prof. Aoki Naturdarstellungen in der japanischen
und deutschen Kultur. Dabei war zu sehen, dass in Japan die Vergänglich-
keit gerade im Zusammenhang mit der Natur eine große Rolle spielt. Ein-
drücklich illustriert wurde dies anhand des Umgangs mit Kirschblüten:
Während z. B. in Doris Dörries Film „Kirschblüten – Hanami" die

kraftvollen Blüten am Baum gezeigt werden, sind in der japanischen Kunst auch die fallenden Kirschblüten ein gängiges Motiv. Die Vergänglichkeit ist dabei nicht negativ konnotiert, sondern wird als natürlicher Prozess akzeptiert. Prof. Aoki sprach in diesem Zusammenhang auch von „Rin-ne", dem beständigen Wandern. Zwar ist alles vergänglich, aber dem Tod folgt eine neue Geburt; das Gras im Winter stirbt ab, aber im Frühjahr wächst wieder frisches Gras; alles im Leben wandelt sich selbstverständlich, so wie die Jahreszeiten. Diese Erkenntnis macht es leichter, einen Verlust zu akzeptieren und heiter zu bleiben. Beispielhaft konnten wir dies in dem Film „Fünf Zentimeter pro Sekunde" (von Shinkai Makoto, Japan 2007) sehen, der die verlorene Möglichkeit einer persönlichen Beziehung zwischen den Hauptfiguren thematisiert. Anhand einiger Haiku zeigte Prof. Aoki, wie Wandel und Vergänglichkeit in japanischen Haiku eine Rolle spielen. Es ist offensichtlich, dass diese Aspekte gerade mit einem Motiv aus der Natur sehr gut ausgedrückt werden können.

Ist es nun möglich, dies alles auch auf deutschsprachige Haiku zu übertragen? Im Prinzip ja.

Naturerscheinungen gehören auch in Deutschland sowohl zum Leben auf dem Land als auch zum Leben in der Stadt. Wärme, Kälte, Obst und Gemüse (sowohl im Kühlschrank als auch im Garten), Vögel, Insekten, Wind, Wolken, Pflanzen, Regen, Sonne usw. sind auch bei uns ein selbstverständlicher Teil des städtischen Alltags – nur werden sie vielleicht oft nicht bewusst wahrgenommen und Natur mit einem verengten Blick eher als das gesehen, was man am Wochenende zur Erholung außerhalb der Stadt aufsucht. Nicht zu vergessen wäre auch, dass Dinge, die nicht direkt Teil der Natur sind, ebenfalls auf die Natur bzw. die Jahreszeit verweisen, wie z. B. Sandalen, Handschuhe, kaltes Metall usw.

Ein letzter Wesenszug des Kigo, den wir kennenlernten, ist allerdings nur dem japanischen Haiku (bzw. Kigo) eigen und nicht auf deutsche Verhältnisse übertragbar: der literarische Bezug. Damit ist nicht *honka-dori* – die direkte literarische Anspielung – gemeint. Wir lernten, dass jedes Jahreszeitenwort auf diejenigen Haiku verweist, die dieses Wort schon einmal verwendet haben und die in einem Nachschlagewerk (*saijiki*) kodifiziert sind. Damit umfasst ein Kigo eine außerordentlich große Menge von

Bezügen, die es in ein Haiku hineinholt und zu einem Bestandteil des Haiku macht. Prof. Aoki erklärte, dass der Großteil des Gehalts eines Haiku tatsächlich von diesen im Kigo impliziten Bezügen bestimmt werde; der Rest sei dann auf die individuelle Arbeit des jeweiligen Dichters zurückzuführen. Hier liegt nun einer der großen Unterschiede zwischen dem japanischen und dem deutschsprachigen Haiku. Denn die deutschsprachige Haiku-Tradition erhielt erst 1962 mit dem Buch „Haiku" von Imma Bodmershof (nur die spätere Taschenbuchauflage bei dtv erschien unter dem Namen von Bodmershof) ein festes Fundament. Seitdem hat sich noch kein anerkannter Kanon deutschsprachiger Haiku herausbilden können.

Ein weiterer Aspekt des japanischen Haiku, den wir kennenlernten, ist das *Shasei*. Die Idee des *Shasei* wurde von Masaoka Shiki, u. a. unter dem Einfluss von westlicher impressionistischer Malerei, formuliert. Damit ist gemeint, im Haiku ein konkretes Bild aus seinen Eindrücken zu gestalten. Nach Prof. Aoki ist dies natürlich nicht die einzige Technik, ein Haiku zu schreiben, aber doch eine bedeutende und kraftvolle Technik. In der Praxis bedeutet es, aus allen Eindrücken diejenigen konkreten Sachverhalte herauszugreifen, mit denen sich eine bestimmte Idee ausdrücken lässt. Takahama Kyoshi, Shikis literarischer Erbe, schreibt dazu in dem sehr lesenswerten Buch „Welch eine Stille! Die Haiku-Lehre des Takahama Kyoshi", herausgegeben von Inahata Teiko und Stefan Wolfschütz:

> „Shasei im Haiku bedeutet, alle Erscheinungsformen der vier Jahreszeiten zu betrachten und aus ihnen ein Bild (eizō) herauszugreifen. […] Nehmen wir zum Beispiel einen verwilderten Garten mit Bäumen und Gräsern. Das ist die wirkliche Gestalt des Gartens. Darin entdeckt der Dichter etwa eine Blüte der Morgenwinde, weil sein Herz von ihr bewegt wurde, und dann entsteht in ihm ein Abbild davon. Das ist *shasei*."

Im Verlauf der Seminare stellte Prof. Aoki einen weiteren Aspekt des japanischen Haiku besonders heraus, nämlich das *yo-haku* (der unausgefüllte, leere Raum; die Leerstelle). *Yo* bedeutet wörtlich übrigbleiben, *haku* bedeutet das Weiß, sinngemäß: leerer Raum bzw. leere Räume.

Es ist diese Leerstelle, die den in deutschen Texten oft zitierten

Nachklang des Haiku ermöglicht. Und wie das Kigo hat auch das *yo-haku* einen kulturellen Hintergrund. Prof. Aoki erklärte uns, dass in Japan oft nicht direkt gesagt wird, was man eigentlich meint; in der Kommunikation spiele das Umschreiben und Andeuten eine große Rolle. Ein anderer Aspekt der japanischen Kultur ist etwas, das man vielleicht annähernd als Understatement umschreiben könnte. Sehr anschaulich wurde das bei einem Vergleich von Fotos westlicher und japanischer Räume, in denen jeweils ein hoher ausländischer Politiker empfangen wurde. Während der westliche Raum prunkvoll, aber überladen wirkte, strahlte der japanische Raum (der mit bestem Holz in bestmöglicher Verarbeitung ausgestaltet war) mit seiner weitgehenden Leere eine zurückhaltende, unaufdringliche Eleganz aus. Noch eindrücklicher lässt sich dieser Unterschied bei einem Vergleich zwischen christlichen Kirchen und japanischen Shintō-Schreinen sehen. Die Gebäude eines Schreines wirken im Vergleich zu beispielsweise einer christlichen Kirche schlicht – sowohl vom Material als auch von der Konstruktion her. Obendrein gibt es in einem solchen Schrein weder Skulpturen noch Bilder. Ein direktes Abbilden der Götter wird in der japanischen Kultur nicht praktiziert. Stattdessen kann die Präsenz der Götter z. B. in Bäumen, Gräsern und dem Wind erspürt werden.

Den Ansatz, etwas nur anzudeuten bzw. zu umschreiben, demonstrierte Prof. Aoki auch anhand von Filmen. In „Tokyo monogatari" (Die Reise nach Tokyo, von Ozu Yasujirō, Japan 1953) sind es die Hauptfiguren, ein älteres Ehepaar, die ihre entscheidenden Gedanken und Gefühle nicht offen aussprechen. Aber auch in modernen Filmen kann man die Kunst der Andeutung sehen, beispielsweise im Showdown des Films „Sonatine" (von Kitano Takeshi, Japan 1993), der im japanischen Mafiamilieu spielt. Gegen Ende des Films deuten Mündungsfeuer hinter Fensterscheiben und ein weglaufender Mann an, dass die Hauptfigur ihre große Abrechnung begonnen hat. Vergleicht man diese Sequenz mit zwei bekannten westlichen Mafia-Filmen („Der Pate", Regie: Francis Ford Coppola, USA 1972 und „Casino", Regie: Martin Scorsese, USA 1995), fällt auf, dass dort die Abrechnungen unter Gangstern, die ebenfalls am Ende des jeweiligen Films stattfinden, in beiden Fällen wesentlich expliziter gezeigt werden.

Prof. Aoki zog nun eine Parallele zum Haiku. Auch dort werde das Wichtigste – in anderen Worten: das, worum es eigentlich geht – gar nicht gesagt. Der Text stellt nur den Rahmen dar, der dem Leser bzw. der Leserin hilft, sich die eigentliche Idee des Haiku vorzustellen. Dies ist ein grundsätzlich anderer Ansatz als z. B. in der deutschsprachigen Lyrik. Das Wichtigste beim Haiku sei, so Prof. Aoki, das Wichtigste wegzulassen. In anderen Worten: Man vermeidet die direkte Gefühlsäußerung und deutet sein Gefühl, die eigentliche Motivation zum Haiku-Dichten, durch die Schilderung eines konkreten Dings und durch die Wahl des Kigo an. Beim Schreiben zeigt man im Haiku einen konkreten Moment, den der Leser dann als Tür benutzen muss. Und zwar als Tür zu dem, was im Haiku eigentlich gemeint ist. Dazu ein Beispiel von Iida Ryûta (1920–2007):

Von Schimmel überzogen ist die kleine Reisetasche meiner Mutter.

„Schimmel" ist ein Jahreszeitenwort für den Sommer, der in Japan durch hohe Luftfeuchtigkeit und eine schwer erträgliche, drückende Schwüle bestimmt wird. Gleichzeitig entsteht hier das Bild einer Tasche, die sehr lange nicht mehr benutzt worden ist und die zu benutzen schon lange niemand mehr das Bedürfnis hatte. Man kann sich unschwer vorstellen, dass die Mutter nicht mehr auf dieser Welt ist. Aber auch das Wort „klein" sagt uns noch mehr. Der Autor empfindet die Tasche als klein, d. h. er selber ist im Verhältnis gewachsen. „Klein" ist hier als Hinweis darauf zu lesen, dass der Autor die Tasche als Kind schon gekannt hat; mittlerweile ist die Tasche für ihn ein Gegenstand aus einer früheren Zeit. Außerdem steckt noch eine weitere Bedeutung in „klein", und zwar bezüglich der Mutter. Sie konnte sich keine großen Reisen leisten, deshalb brauchte sie immer nur wenig Gepäck und entsprechend nur eine kleine Tasche. Diese zweite Bedeutung kommt zu der ersten hinzu und ergänzt sie. Insgesamt haben wir in diesem Haiku also zwei Anknüpfungspunkte, und zwar „Schimmel" und „klein". Damit können wir die Tür zu der Bild- und Gefühlswelt dieses Haiku öffnen.

Zur Veranschaulichung der von Prof. Aoki genannten Aspekte möchte ich hier noch einmal auf Karlheinz Walzock verweisen, der die grundlegende Bedeutung der Andeutung durch das konkrete Ding für das Haiku ebenfalls hervorgehoben hat, und zwar am Beispiel eines Haiku von Nakamura Kusatao (1901–1983):

Ich lese in einem Buch; den kalten Schlüssel benutze ich als Briefbeschwerer.

Walzock schreibt dazu:

„Hier ist es im Grunde nicht das Anliegen des Verfassers, einen kalten Schlüssel auf einem Blatt Papier zu beschreiben; was hier in diesem Vers eigentlich zum Ausdruck gebracht werden soll (das eigentliche Thema) ist das kalte Zimmer, die Lebensverhältnisse des Verfassers, die es ihm nicht gestatten, seine Wohnung zu heizen, und die Unverzagtheit, mit der er sich trotzdem seinem Studium widmet: dies alles ist das eigentliche Anliegen des Verfassers. Ein westlicher Dichter hätte dies alles vielleicht in einem 20-strophigen Gedicht genauestens ausgewalzt oder einen langatmigen Essay darüber verfasst: Die besondere Kunstform des Haikus liegt jedoch darin, dass (in diesem Falle) ein kalter Schlüssel auf einem Blatt Papier zum Medium für die eigentliche Ausdrucksabsicht des Dichters wird, die unmittelbar mit keinem Wort erwähnt wird. Dies ist gerade die besondere Kunstform des Haikus, daß die Welt des Konkreten, der anfaßbaren, sichtbaren Gegenstände als Medium, als Vehikel eingesetzt wird zum Ausdruck der Welt des Abstrakten, der Gefühle, die gegenüber den konkreten Dingen nicht etwa sekundär sind, sondern die Hauptsache ausmachen.“

Dietrich Krusche, Herausgeber einer in Deutschland sehr bekannten Haiku-Anthologie, hat das Haiku mit einem Sprungbrett verglichen; der eigentliche Sprung müsse vom Leser selber vollzogen werden. Prof. Aoki verwendete stattdessen ein Bild aus dem Fußball. Das Haiku sei wie ein Pass, der dem Leser vom Dichter zugespielt werde. Der Leser muss nun schießen (lies: verstehen bzw. erkennen) – manchmal trifft er sein Ziel, manchmal schießt er daneben. Für deutsche Verhältnisse ist dies alles sicher eine ungewohnte Art, sich einem Gedicht zu nähern, und sicher eine, die erst einmal gelernt und geübt sein will. Vom Standpunkt des Schreibenden bedeutet dies zunächst das Weglassen von Behauptungen und, vor allem, eine Konzentration auf das Konkrete, Dingliche und darauf, die gewählte Konstellation der Dinge sprechen zu lassen.

Dies ist nur ein kleiner Einblick in das reichhaltige Wissen, das Prof. Aoki im Verlauf der Seminare vermittelt hat. Aber vielleicht muss für einen Artikel über acht intensive Seminare das gleiche gelten, was die Haiku-Dichterin und Enkelin von Takahama Kyoshi, Teiko Inahata, in ihrem Buch „Erste Haiku-Schritte" über das Haiku schreibt: „Wenn alles ausgesprochen würde, dann gäbe es weder einen Nachklang noch sonst etwas."

Dieser Artikel erschien erstmals in etwas kürzerer Form in ‚Kaihō 5/2022'. Mein Dank gilt an dieser Stelle insbesondere Prof. Aoki für die liebevolle Mühe, die er auf sich genommen hat, um uns das Haiku ein wenig näherzubringen, sowie Yuko Murato für die Organisation dieser ausgezeichneten Seminarreihe und die detaillierte Redaktion der Protokolle.

Professor Makoto Aoki (*1974) von der Universität Ehime/Japan promovierte zu Masaoka Shiki und ist ein Spezialist für das moderne japanische Haiku. Seine Publikationen wurden mehrfach mit Preisen ausgezeichnet. In Japan ist er überdies durch Fernsehen, Radio und Internet bekannt.

Moritz Wulf Lange (*1971) studierte Deutsche Literatur, Linguistik und Geschichte. Seit 2001 arbeitet er als Hörspiel- und Buchautor. Daneben veröffentlichte er u. a. Gedichte und Haiku in verschiedenen Zeitschriften sowie Beiträge zur Geschichte des deutschsprachigen Haiku. Kontakt: info@moritz-wulf-lange.de

HaiQ

von Claudia Brefeld und Thomas Opfermann
(Wir freuen uns auf Ihre Beiträge. Bitte an: haiq@haiku.de)

Ruth Wellbrock lässt uns an Ihren Gedanken zum Haiku bzw. den HaiQ-Themen der vorigen SOMMERGRAS-Ausgabe teilhaben:

„Das Sprachbasteln, das für Traude Veran unwiderstehlich ist, bereitet auch mir viel Vergnügen. Ich überstehe damit manchmal lange Wartezeiten. So fallen mir beim Basteln mit Wörtern einfache Spiele ein, z. B. wie: Aus den Buchstaben eines längeren Wortes neue Wörter zusammenzustellen. (Sprachbasteln) Beim Wettspiel gilt: Wer die meisten neuen Wörter gefunden hat, ist Sieger! Auf einem Bahnhof auf einen verspäteten Zug wartend, fanden wir das nicht weiter schlimm, weil wir ein vergnügliches Spiel entdeckt hatten. Kreativ sein mit Sprache im weitesten Sinn gereicht den meisten Menschen zur Freude.

Zu den Bedenken Traude Verans (SOMMERGRAS, S. 63), ihr erster Dreizeiler sei kein Haiku, möchte ich Widerspruch ankündigen, sofern man nicht die höchsten Maßstäbe anlegt:

Siebenundzwanzig
Balladendichterinnen
rivalisierend

Es scheint mir gelungener als der zweite Dreizeiler, weil es aus mehr als einer Wortart besteht, im Gegensatz zum zweiten, der drei Nomen einfach aneinanderreiht:

Holunderblüten / Honigbienengesumme / Sommerduftwellen

Das dritte Beispiel von Saskia Ishikaw-Franke halte ich für sehr überzeugend und verzichte darum auf einen Kommentar. Zur Erinnerung:

Kursleiterin
Gehirnschlag. I Ic Ich
sprechen lernen

Beim Erstellen von Haiku fiel mir früh auf, dass sie leicht mit zusammen-
gesetzten Nomen zu bilden seien, ja diese sich mir gleichsam aufdrängten.

Die POETISCHSTEN Haiku scheinen mir solche mit klangvollen Na-
men aus der Natur. Ein Beispiel aus Heidelore Raabs Winterlegende mag
es belegen:

Schwereloses Schneegeflocke
weißer Himmel
weiß das Land.

still der Wald
als lauschte er
wie im Schlaf nach innen

nur der Bach
muß sehnsuchtsschwer
rinnen   rinnen   rinnen

Zum Schluss 2 eigene Haiku:

in der Endphase
die autofreie Zeit
genießen und mehr

Entdeckung durch Frau
vom Mann ins Bild gesetzt
die Feuerwanze

Meines Erachtens sollte es keine Tabu-Themen für Haiku geben.

Eine persönliche Frage rund ums Haiku ganz zum Schluss: Könnte die
Knappheit der Haiku-Sprache den Sprach- und Sprechstil einer Haiku-

Schreiberin nach etlichen Jahren mitgeprägt haben? Und im Gespräch sich als Ungeduld manifestieren …?"

Wie sehen Sie diese Frage? Lassen Sie Ruth Wellbrock und die gesamte Leserschaft an Ihren Gedanken teilhaben und senden Sie uns Ihre Ideen!

Was die formalen Ausgestaltungsmöglichkeiten betrifft, hier hat uns folgender Beitrag von **Ingrid Meinerts** erreicht:

> Virtuell
>   durchs Wasser gleiten
>   es fehlt: ~~schwerelos~~

Was halten Sie von dieser formalen Ausgestaltung? Erweitert dies die Ausdrucksmöglichkeiten des Haiku um neue Aspekte? Oder nimmt die durchgestrichene Darstellung bereits eine Interpretation vor und beraubt das Haiku so seiner Offenheit? Teilen Sie uns Ihre Überlegungen mit, schreiben Sie uns Ihre Kommentare!

Birgit Heid ist „keine Freundin von derart kleinen Sprachspielen, weil sie (erst recht, wenn ich es weiß) wenig Persönliches aufweisen. Doch beim Haiku suche ich die Nähe zur Autorin, die Lebendigkeit, die zwischen Worten und Zeilen keimt, eine Sinnlichkeit oder einen Erkenntnisprozess. Etwas, was an meinen Gedanken oder Gefühlen andockt. Mehr als nur Beobachtungen oder Aufzählungen, weil sie für mich oberflächlich bleiben. Oder gar beliebig und langweilig. Darüber hinaus stellt es für mich nichts so Geniales dar, dass es sich lohnt, einen eigenen Namen dafür zu kreieren. Es sollte deutliche Unterscheidungsgrenzen geben, sonst wird auch die Formulierung HaiQ beliebig. Gibt es den Begriff in anderen Nationen? Wie geht man dort mit der Vorgabe um? Schließlich sollen neue Strömungen nicht dazu führen, dass man gar nichts mehr versteht und es dann auch nicht mehr liest.

Ich habe mich wieder in meiner Richtung, der medizinischen Fachbereiche und -begriffe, versucht." Nachfolgend zwei Beispiele:

Synapsen	Apoptose
gib mir einfach	Vater geht nachts
deine Hand	an die Bahngleise

Sowie noch zwei weitere aus dem Bereich Chronomedizin:

Zirkadiane Rhythmik	leangains
mein Date nach dem	ich öffne ein
Date	Zeitfenster

Schreiben Sie uns Ihre Rückmeldungen. Wir freuen uns auf Ihr Feedback, Fragen und insbesondere weitere Ideen und Themenwünsche. Auch kritische und kontroverse Beiträge sind (besonders) willkommen!

Kompakt

Haben Sie immer schon mal einen Begriff rund ums Haiku gehabt, zu dem Sie gerne etwas mehr erfahren würden? Dann schreiben Sie an die Redaktion oder an post@claudiabrefeld.de

Claudia Brefeld

Wabi-sabi

Wabi-sabi (侘寂) ist ein Konzept der japanischen Ästhetik, das etwa im 16. Jahrhundert entstanden ist. Es wird zwar oftmals als Gesamtbegriff verwendet, jedoch haben wabi und sabi unterschiedliche Bedeutungen, die sich näher zu betrachten lohnen.
Zusammengefasst beschreibt Bill Higginson 1985 in The Haiku Handbook:

wabi (Einsamkeit, Armut) Schönheit mit einem Sinn für Askese; strenge Schönheit.
sabi (Patina/Einsamkeit) Schönheit mit einem Gefühl der Einsamkeit in der Zeit, ähnlich wie, aber tiefer als Nostalgie.

Sowohl im historischen China als auch später in Japan wurden die ästhetischen Prinzipien vieler Künste vom Taoismus und Zen-Buddhismus abgeleitet. Die beiden großen philosophischen Traditionen erwiesen sich als besonders kompatibel mit der Kultur und der Psychologie Japans und lassen sich auch in dem Konzept wabi-sabi erkennen.

Wabi

Wortwörtlich bedeutete es Armut, und so verknüpfte man es anfänglich mit der Einsamkeit, die der Einsiedler erfährt. Später verband man dies mit positiven Eigenschaften und erkannte darin die Chance für spirituellen Reichtum. In der Tat ist wabi ein Verzicht auf das Materielle, um so Nähe zur Natur und Wirklichkeit zu erreichen. Oder um es mit schlichten

Worten treffend auszudrücken (Wabi and Sabi: The Aesthetics of Solitude): Wabi ist die stille Zufriedenheit mit den einfachen Dingen.

Es bezieht sich somit auf ein philosophisches Konstrukt, einen Sinn für Raum, Richtung oder Weg und vermittelt als philosophische Einsicht die Wertschätzung der Vergänglichkeit des Lebens, die als Aufforderung zu einem Leben in Harmonie mit der Natur interpretiert werden kann.

Sabi

ist ein Begriff aus der Heian-Zeit und wird oft mit Patina übersetzt. Es ist ein ästhetisches Konstrukt, das in einem gegebenen Objekt und seinen Merkmalen sowie in der Beschäftigung mit Zeit, Chronologie und Objektivität wurzelt. Auf das spirituelle Zen-Prinzip aufbauend, setzt es diese Werte in künstlerische und materielle Qualitäten um.

Sabi-Objekte sind asymmetrisch, unprätentiös und mehrdeutig, sie sprechen die Intuition an und rufen anstelle von Logik verfeinerte Emotionen hervor. Es ist also der Glanz älterer Dinge, der uns mit der Vergangenheit auf eine eigene Weise verbindet.

Hier sei die besondere Tradition *kintsugi* erwähnt – eine japanische Methode, um zerbrochene Keramik zu reparieren.

„Die Objekte spiegeln einen universellen Fluss des ‚Herkommens‘ und ‚Zurückkehrens‘ wider. Sie spiegeln eine Vergänglichkeit wider, die dennoch sympathisch und provokativ ist und den Betrachter oder Zuhörer zu einer Nachdenklichkeit und Kontemplation führt, die zu wabi und wieder zu sabi zurückkehrt – eine ästhetische Erfahrung, die eine ganzheitliche Perspektive erzeugen soll, die friedlich und transzendent ist."
(Wabi and Sabi: The Aesthetics of Solitude)

Zusammenfassend kann man also sagen:
Wabi-sabi ist eine intuitive Wertschätzung einer vergänglichen Schönheit in der physischen Welt, die den unumkehrbaren Fluss des Lebens in der geistigen Welt widerspiegelt. Es ist diese zurückhaltende Schönheit, die im Bescheidenen, Unvollkommenen und Verfallenen existiert und die mit ästhetischem Gespür für Nuancen eine melancholische Schönheit in der Vergänglichkeit aller Dinge findet:

- ein mit Moos überwachsener Garten
- das ergraute Haar älterer Menschen
- ein alter Eichtisch mit seinen vielen Narben

Eingeführt wurde übrigens der Begriff von Sen no Rikyū (千利休, 1522–1591), ein buddhistischer Mönch und Meister der Teezeremonie. Er verfeinerte die Zeremonie, indem er die Werkzeuge und den Ort so minimalistisch wie möglich gestaltete – als Symbol einer einfachen Schönheit. Dafür nutzte er zum Beispiel auch *raku*-Teeschalen.

Matsuo Bashō wiederum transformierte das von ihm erlebte *wabizumai* (ein Leben in Einsamkeit und Einfachheit) in sabi-Poesie und die Melancholie der Natur wurde zu einer nie erfüllten Sehnsucht nach dem Absoluten. Genau dies macht die Spannung zwischen wabi und sabi zu einer bereichernden und unerschöpflichen Erfahrung.

Wabi-Sabi ist also keine Verzichtserklärung. Es geht um ein viel größeres Ansinnen – es geht um Harmonie und um spirituelle Sehnsucht.

Die Realitäten, dass nichts von Dauer, nichts fertig und nichts perfekt ist, prägten und prägen die charakteristischen Ideale der japanischen Schönheit. Sie standen und stehen übrigens damit konträr zu den griechischen Idealen von Schönheit und Vollkommenheit im Westen.

Quellennachweise:

– The Technics of Wabi and Sabi:
   https://haikuproject.wordpress.com/2010/07/01/july-1-1-4-the-techniques-of-wabi-and-sabi/ (28.10.2022)

– Wabi and Sabi: The Aesthetics of Solitude:
   https://www.hermitary.com/solitude/aesthetics.html (28.10.2022)

– Higginson, William J. (1985): The Haiku Handbook, 331 Seiten.
   ISBN 0-07-028786-4

– Sen no Rikyū and Wabi Sabi:
   https://buddhismnow.com/2022/03/29/sen-no-rikyu-and-wabi-sabi/ (28.10.2022)

– Wabi and Sabi:
  https://wkdhaikutopics.blogspot.com/2007/10/wabi-and-sabi.html (28.10.2022)

Foto: Claudia Brefeld und Haiku: Bernadette Duncan

Auswahlen

Die Haiku- und Tanka-Auswahl Dezember 2022

Es wurden insgesamt 251 Haiku von 89 Autoren und 69 Tanka von 23 Autoren für diese Auswahl eingereicht. Einsendeschluss war der 15. Oktober 2022. Diese Texte wurden vor Beginn der Auswahl von mir anonymisiert.

Jedes Mitglied der DHG hat die Möglichkeit, eine Einsendung zu benennen, die bei Nichtberücksichtigung durch die Jury auf einer eigenen Mitgliederseite veröffentlicht werden soll.

Eingereicht werden können **nur bisher unveröffentlichte Texte** (gilt auch für Veröffentlichungen in Blogs, Foren, inklusive die Foren auf HALLO HAIKU, sozialen Medien und Werkstätten etc.).

Bitte keine Simultan-Einsendungen!

Bitte **alle** Haiku/Tanka **unbedingt gesammelt in einem Vorgang** in das Online-Formular auf der DHG-Webseite HALLO HAIKU selbst eintragen: https://haiku.de/haiku-und-tanka-auswahl-einreichen/

Ansonsten per Mail an: auswahlen@sommergras.de

Der nächste Einsendeschluss für die Haiku-/Tanka-Auswahl ist der 15. Januar 2023.

Jeder Teilnehmer kann bis zu **sechs** Texte – **drei** Haiku und **drei** Tanka – einreichen.

Mit der Einsendung gibt der Autor/die Autorin das Einverständnis für eine mögliche Veröffentlichung in der DHG-Haiku-Agenda, auf http://www.zugetextet.com, sowie für eine mögliche Vorstellung auf der Website der Haiku International Association.

Haiku-Auswahl

Die Jury bestand aus Valeria Barouch, Frank Sauer und Evelin Schmidt. Die Mitglieder der Auswahlgruppe reichten keine eigenen Texte ein.

Alle ausgewählten Texte – 31 Haiku von 26 Autoren – werden in alphabetischer Reihenfolge der Autorennamen veröffentlicht. Es werden maximal zwei Haiku pro Autor aufgenommen.

„Ein Haiku, das mich besonders anspricht" – unter diesem Motto besteht für jedes Jurymitglied die Möglichkeit, bis zu drei Texte auszusuchen (noch anonymisiert), hier vorzustellen und zu kommentieren. Diesmal wurden zwei Texte ausgewählt.

Da die Jury sich aus wechselnden Teilnehmern zusammensetzen soll, lade ich an dieser Stelle ganz herzlich alle interessierten DHG-Mitglieder ein, als Jurymitglied bei kommenden Auswahl-Runden mitzuwirken. Lassen Sie mich Ihr Interesse bitte wissen per E-Mail an: peter.rudolf@dhg-vorstand.de

Peter Rudolf

Ein Haiku, das mich besonders anspricht

Eisblumen –
das morgendliche Auftauen
ihrer Grübchen

Klaus Kornexl

Mir gefiel an diesem Haiku der unerwartete Schluss. Die ersten beiden Segmente scheinen vorerst ein und dasselbe Bild zu betreffen – Eisblumen, die unter morgendlichen Sonnenstrahlen oder durch das Aufdrehen der Heizung langsam auftauen. Ein ganz banaler Vorgang, wie wir ihn jeden Winter beobachten können. Doch im dritten Segment ist die Überraschung perfekt, das Winterbild weicht einer rührenden Beobachtung – das Auftauen ihrer Grübchen. Da wir wissen, dass Grübchen beim Lächeln oder Lachen entstehen, nimmt nun die Szene eine neue Form an, die Raum offen lässt für Interpretationen. Das *morgendliche* Auftauen scheint darauf hinzuweisen, dass es sich nicht um ein einmaliges Geschehen handelt, sondern dass hier jemand selten mit dem linken Bein aufsteht. Auftauen ist ein Vorgang, der Zeit in Anspruch nimmt, und so können wir uns das Geschehen im Zeitlupentempo vorstellen, wie sich langsam ein Lächeln auf einem Gesicht ausbreitet. Vielleicht ist es das eines Kindes, das sanft geweckt wird, oder das der Lebenspartnerin, deren gute Laune sich langsam über dem Morgenkaffee entfaltet. Wie Grübchen hat auch dieses Haiku viel Charme.

Ausgesucht und kommentiert von Valeria Barouch

nichts
lief nach Plan
ein guter Tag
Ingrid Meinerts

Wir möchten nur zu gern die Tage durchplanen, abhaken, aber manchmal auch nur überleben. Andere geplante Tage sollen einfach nur schön und perfekt sein. *Es lief nach Plan* soll heißen, es lief ohne Probleme, ohne Fehler.

Das Haiku beschreibt den Moment des Rückblicks. Nichts lief nach Plan an diesem Tag. Oft hat man es erlebt, mit dem falschen Bein aufgestanden, Bus verpasst, Essen angebrannt, zu spät gekommen – es gibt viele Gelegenheiten für die Planlosigkeit, die unsere Routinen durcheinanderbringen und stören. Aber ist es immer so, dass nichts funktioniert? Die Verallgemeinerung wird hier als Stilmittel benutzt.

Es gibt an schlechten Tagen Momente, die gut sind und auch gesehen wurden. Im nächsten Bus sitzt der lange vermisste Freund, das Essen konnte noch gerettet werden und hat nun Röstaromen, man wird freundlich begrüßt trotz Verspätung. Noch mal gut gegangen, auch das kann das

Fazit eines guten Tages sein, oder einfach nur die Zufriedenheit mit der eigenen Lebenssituation, die doch selten einem perfekten Plan folgt.

Ausgesucht und kommentiert von Evelin Schmidt

Die Auswahl

Nachthimmel
die Fliege am Fenster
klettert zum Mond
Christa Beau

die letzten Gärtner
durch die Maschen des Bauzauns
roter Mangold
Christof Blumentrath

einsame Tage
da klopft an mein Fenster
der Regen
Horst-Oliver Buchholz

mein Stift
zwischen zwei Seiten …
trockener Wasserfall
Maya Daneva

Hausarztpraxis
die Türe nimmt sich Zeit
zu knarren
Bernadette Duncan

Fernsehlotterie
wieder ignoriere ich
das Glücksangebot
Eva Beylich

Sonntagsstille
das Schwanenpaar zerteilt
ein Wölkchen
Christof Blumentrath

der Vollmond
sein Schein glänzt
auf dem Rücken eines Koi
Christopher Calvin

verbotene Süßigkeit
die Ameisenstraße
verrät sie
Frank Dietrich

Fastentag
im Spinnennetz
nur Nebel
Hubert Felber

neues Passwort
leise buchstabiert sie
ihre Sehnsucht

Petra Fischer

Nachtflugverbot
im Mondenschein
warten auf die Stille

Hartwig Gleim

im Neuschnee
Krähenspuren – ihr Lächeln
erreicht die Augen

Gabriele Hartmann

auf der fensterbank
mit ihrem grauhaardackel
übt sie na(c)h-sehen

Bernhard Haupeltshofer

Eisblumen –
das morgendliche Auftauen
ihrer Grübchen

Klaus Kornexl

Herbstwanderung
noch einmal frisch verliebt –
in den Bergahorn

Gérard Krebs

Verspätung
auf Gleis 1 kommen und gehen
meine Zweifel

Eleonore Nickolay

Aufstand
der Farben gegen den Tod:
Herbst.

Loretta Gaukel

Auf Wiedersehen
meine zu feste Umarmung
des Bekannten

Taiki Haijin

kalter Herbstmorgen –
aus dem Grün steigt der Atem
des Sees empor

Sylvia Hartmann

Katerstimmung
am Morgen unser Kuss
zerbrechlich

Anke Holtz

Reispapier –
entwurzelt im Tuschekreis
meine Wimper

Klaus Kornexl

nichts
lief nach Plan
ein guter Tag

Ingrid Meinerts

Funkloch
wir beginnen
ein Gespräch

Eleonore Nickolay

die unterdrückten Tränen
beim Zwiebelschneiden
endlich weinen
  Marie-Luise Schulze Frenking

Mit unsren Schatten
Am abendlichen Strand
Die Wellen küssen
  Monika Seidel

nach dem Luftangriff
der blaue Himmel
unversehrt
  Brigitte ten Brink

Pause
das Heben und Senken
des Teebeutels
  Friedrich Winzer

Novembernebel
in alten Kirchenbüchern
Ahnen begegnen
  Marie-Luise Schulze Frenking

allein –
Herbstblätter
fliegen mich an
  Angelica Seithe

Herbstanfang
raue Hände entkleiden
eine Vogelscheuche
  Friedrich Winzer

Tanka-Auswahl

Silvia Kempen und Martin Thomas wählten 10 Tanka von 8 Autoren aus. Die ausgewählten Texte werden in alphabetischer Reihenfolge der Autorennamen veröffentlicht. Es werden maximal zwei Tanka pro Autor aufgenommen.

„Ein Tanka, das mich besonders anspricht" – unter diesem Motto besteht für die beiden Jurymitglieder die Möglichkeit, bis zu drei Texte, noch anonymisiert, hier vorzustellen und zu kommentieren. Diesmal wurde ein Text ausgewählt.

Ein Tanka, das mich besonders anspricht

mitten im Krieg
ein Kind
erklärt uns den Unterschied
zwischen schwerem und
leichtem Beschuss

Eva Limbach

Die bewaffnete Invasion der Ukraine durch die russische Armee, welche im Februar dieses Jahres begann, dauert nun mehr als acht Monate an. In dieser Zeit haben unzählige Menschen unsägliches Leid erfahren. Tod, Flucht, Vertreibung, Vergewaltigung, Folter – all das sind traumatische Erlebnisse, die bei vielen Ukrainerinnen und Ukrainern tiefe Wunden hinterlassen haben, welche niemals vollständig heilen werden. Dass sich diesem militärischen Konflikt, dieser menschlichen Tragödie auch das Tanka widmen muss, sofern es nicht die Augen vor der Realität verschließen möchte, ist meine tiefe Überzeugung. Literatur und Gesellschaft sind keine getrennten Sphären, sondern bedingen sich gegenseitig. Folglich muss auch alles, was die Gesellschaft bewegt, Eingang in die Literatur finden. Die Frage ist nur, wie und auf welche Art und Weise.

Das vorliegende Tanka – so zumindest meiner Interpretation nach – widmet sich genau jenem Krisenherd in Osteuropa, auch wenn der Text selbst aufgrund seiner vagen Formulierung keine Rückschlüsse auf den Krieg in der Ukraine zulässt. Der thematische Dreh- und Angelpunkt ist die Tatsache, dass auch die jüngste Generation aktiv vom Kriegsgeschehen betroffen ist, sei es nun durch das direkte Erleben von Kampfhandlungen oder das Empfinden einer drohenden Gefahr. Konkret thematisiert das Tanka den Umstand, dass sich in Anbetracht des Geschehens in der Ukraine selbst Kinder zu regelrechten Kriegsexperten entwickeln, die verschiedene Bedrohungslagen einschätzen und differenzieren können. Dies wiederum bricht mit unserem allgemeinen Verständnis vom Kindsein – Kinder sollten so etwas schließlich nicht wissen müssen –, was dem

Gedicht eine enorme Spannung verleiht. Derselbe Text wäre mit „ein Erwachsener" oder „jemand" anstelle von „ein Kind" keinesfalls denkbar.

Ich selbst habe mich beim Lesen des Gedichts sofort an einen kurzen Beitrag aus dem *Weltspiegel* erinnert gefühlt.[1] In diesem kommen unter anderem Slata und Aljoscha, zwei Kinder aus Jampil, einem kleinen Ort in der Oblast Donezk, zu Wort. Sie berichten – ebenfalls in einem sachlichen Ton – von nächtlichem Kanonenfeuer, Stromausfällen und der Flugabwehr, was im Beitrag mit der Aussage „Und die Kinder sprechen über Kämpfe, als wäre es etwas Normales" kommentiert wird. Die genaue Gesprächssituation des hier besprochenen Tanka bleibt indessen unklar. Handelt es sich bei dem Kind tatsächlich um eines, das den Krieg selbst miterlebt hat? Soll „mitten" zeitlich oder räumlich verstanden werden? Fand ein echtes Treffen zwischen dem Kind und „uns" statt, oder geht es auch hier um einen Medienbeitrag, in welchem Kinder aus der Krisenregion zu Wort kommen? Fragen über Fragen, die – sofern sie nicht von der Autorin oder dem Autor absichtlich offengelassen wurden – durch ein wenig mehr Feinschliff hätten vermieden werden können.

An dieser Stelle tritt auch eines der größten Probleme zutage, welches ich in Bezug auf die lyrische Verarbeitung von Katastrophenereignissen wie dem Krieg in der Ukraine sehe: das adäquate Verhältnis von ästhetischem Ausdruck und gesellschaftlichem Anliegen. Will ein Tanka, das sich solchen Themen widmet, ernst genommen werden, muss es trotz seines hehren Anliegens gewisse stilistische Kriterien erfüllen. Vermag es das nicht, kann es sich zwar durchaus noch um ein politisches Statement in Versform handeln, jedoch nicht um ein vollwertiges Gedicht. So ist das vorliegende Tanka trotz kleinerer Schwächen meines Erachtens der erste

---

[1]BARTH, Rebecca/GOLOD, Vassili (2022): „Ukraine: Innenansichten nach mehr als sieben Monaten Krieg". In: *Weltspiegel*, Das Erste, Sonntag, 16.10.2022, 18:30–19:15 Uhr (44:22 Min). Beitrag online abrufbar unter: https://www.daserste.de/information/politik-weltgeschehen/weltspiegel/videos/ukraine-russland-krieg-video-100.html (22.10.2022).

Text aus einer Vielzahl von Einreichungen zum Krieg in der Ukraine, welcher Form und Inhalt nahezu in ein Gleichgewicht bringt. Zugleich möchte ich ihn explizit als Aufruf zum Weiterdichten verstanden wissen: Auch wenn die Aufgabe schwer erscheint, dichten Sie über den Krieg! Hinterlassen Sie Zeitdokumente! Widmen Sie sich Themen, die gesellschaftliche Relevanz besitzen! Ich bin mir sicher, dass Sie in Ihrem Alltag und dem Ihrer Mitmenschen fündig werden.

Ausgesucht und kommentiert von Martin Thomas

Die Auswahl

„Alles, was vorbei
verloren ist, weckt Sehnsucht"
schrieb Bokusui.
Das Sichten alter Fotos
belehrt mich eines Bessren.
Reinhard Dellbrügge

Morpho peleides
mit einer Nadel fixiert
und eingerahmt
die Zeit
faltet ihre Flügel
Frank Dietrich

den Vögeln kriech ich
hinterher – den Fischen
flieg ich nach
und fang dann an zu schwimmen
unter deinem Blick
Gabriele Hartmann

wie wir tanzen
– das Herbstlaub, du & ich –
durch die Allee
zu den Akkorden von
„Non, je ne regrette rien"
Gabriele Hartmann

Plötzliche Böe
der Schmetterling verloren
im Blumenschwarm
Ich erinnere mich
noch an deinen ersten Schultag
Pitamber Kaushik

mitten im Krieg
ein Kind
erklärt uns den Unterschied
zwischen schwerem und
leichtem Beschuss
Eva Limbach

nach der Versöhnung
dein Blick hinaus in die
Nacht –
der von Dürre entlaubte Baum
blüht im Laternenlicht

Angelica Seithe

im Pflegeheim
seine Augen leuchten
als er mir erzählt
welch' ein Abenteurer er in
jungen Jahren war

Brigitte ten Brink

die Blumen
zum Hochzeitstag
längst verwelkt
doch ständig neue Blüten
unserer Liebe

Friedrich Winzer

stundenlang
gebohrt und geschraubt
jetzt schaue ich täglich
auf die Zimmerbelegung
im Insektenhotel

Friedrich Winzer

Sonderbeitrag von Ramona Linke

Ramona Linke hat aus allen anonymisierten Einsendungen ein Haiku ausgesucht, das sie besonders anspricht. Sie wechselt sich in dieser Rubrik mit René Possél ab.

Pause
das Heben und Senken
des Teebeutels

Friedrich Winzer

Ein Haiku, das mich berührt, mich auffordert innezuhalten.
Jemand unterbricht seine Geschäftigkeit, hat sich nach anstrengenden Stunden des Arbeitens und Denkens oder nach einer Trainingseinheit, vielleicht nach längerer Autofahrt, für einen frisch aufgebrühten Tee entschieden. Der Autor erwähnt nicht das Summen des Teekessels und auch nicht das Anwärmen einer oder mehrerer Teeschale/-n. Es geht weder um Perfektion noch um richtig oder falsch.

Der Teebeutel wird sacht im Wasser bewegt, die Farbe der Flüssigkeit changiert, ein Wohlgeruch entfaltet sich. Loslassen, tief durchatmen und einen Hauch Leichtigkeit, Erleichterung spüren. Eine Arbeit ist zur Zufriedenheit getan? Das Sportprogramm wurde mit Bravour gemeistert oder doch frühzeitig abgebrochen? Die Reise war anstrengend, auf der Strecke Baustellen und Staus?

Übungen des Stillen Qi Gong fallen mir ein: Achtsamkeit, den Atem führen, den Geist beruhigen.

Ist es ein Grüntee, ein Kräutertee oder Schwarzer Tee? Manch passionierte/-r Teetrinker/-in lehnt die Verwendung von Aufgussbeuteln strikt ab, aber wie heißt es doch: „In der Not …" beziehungsweise bei zu voller Agenda ist es nicht immer möglich, das komplette Programm einer „kleinen" Teezeremonie zu zelebrieren.

Dieses Pausenritual, das Heben und Senken des Teebeutels, kommt einer Meditation gleich – ein gleichmäßiges Auf und Ab des Brustkorbs, das Fließen des Atems. Vorfreude liegt in der Luft. Das Teeglas oder den Teepott in der Hand, zur Ruhe kommen, entrückt … kurz die Augen schließen, in geduldiger Erwartung des ersten Schluckes.

Dieses Haiku verzichtet auf unnötiges Beiwerk, auf Füllwörter, es fasziniert mich durch seine Prägnanz, seine Offenheit und ich nehme es mit in meine Teestunde.

Mitgliederseite

Jedes Mitglied der DHG hat die Möglichkeit, eine Einsendung zu benennen, die bei Nichtberücksichtigung durch die Jury der Haiku- und Tanka-Auswahl auf dieser Mitgliederseite veröffentlicht werden soll.

das blätterhaus
der meisen – im herbstwind
zerfällt es
> **Sylvia Bacher**

alles in ihm bröckelt
da
der Winterjasmin
> **Martin Berner**

Idylle in Scherben das Delfter Blau
> **Stefanie Bucifal**

Herbstsonne
das Springkraut hat
die letzten Samen weit verteilt
> **Hildegard Dohrendorf**

Nach Corona
sie erkennt sie nicht mehr,
ihre Schwester
> **Hartwig Gleim**

dein Horizont
halb wie der
Mond
> **Matthias Gysel**

Sinkende Federn.
Rupft ein Turmfalk sein Opfer
auf meinem Dachfirst?
> **Thomas Berger**

junges Buchenblatt
das Leben kaum aufgerollt
schon angefressen
> **Eva Beylich**

zurückweichende Wellen …
Mama wählt den Baum aus
für die letzte Ruhe
> **Maya Daneva**

Novemberblues
in der Mitte der Nacht
seine Jazzbesen
> **Petra Fischer**

Kastanienlaub,
ausgetrocknet unterm Baum.
Spielzeug für den Wind.
> **Josef Graßmugg**

Im Schwimmbad
der Dreikäsehoch bestellt
viermal Mantaplatte
> **Taiki Haijin**

Spätsommer
in der kleinen Pension
die Brandung spüren

Claus Hansson

nach dem Regen
er singt wieder
der Waldbach

Angelika Holweger

Oktobermeer
das Raunen der Steine am Strand

Ramona Linke

selbst die spatzen
schimpfen heute doppelt so laut
am bahnsteig

Johann Reichsthaler

unter einem Stapel Briefe
nicht dein Brief
sondern deine Rechnung

Peter Rudolf

Glasmurmeln kaufen!
Damit spielen wenn Krieg kommt!
Das bittende Kind.

Guido Saslona

Blattgold abwerfen
für einen freien Blick zum
Himmel – Baum im Herbst

Sylvia Hartmann

Nur eine Puppe
schwimmt im Haus.
Flut in Pakistan.

Saskia Ishikawa-Franke

Heizperiode
wie kommt das
dass der Schnee so weiß ist

Kamil Plich

Groß geworden
die Tulpen
in der Vase

Peter Rohrbeck

Zielscheibe
alle Löcher
abgeklebt

Sebastian Salie

Warten unterm Baum,
in der Hand die Leine ...
neue Katze.

Michael Rasmus Schernikau

(Um Verletzungen durch die Leine zu
vermeiden, trägt besagte Katze selbstver-
ständlich ein Katzengeschirr.)

champagnerprobe
im pet-flaschen-polyester-kleid
prickelnd

Annika Carmen Schmidt

Es klart auf
ein letzter Tropfen kühlt
die Nasenspitze

Sulamith Sommerfeld

im osten krieg –
wir durchsteigen
das reich der wolken

Helga Stania

Bin kein Japaner
doch schreibe meine Tanka –
lüfte die Seele.
Sie geht zu besten Freunden
in meiner Post um die Welt.

Christa Wächtler

Blinkendes Blaulicht
die alte Dame fährt ein
letztes Mal Auto

(In memoriam Elizabeth II)

Birgit Wendling

den Schritt verhalten
Feuerwanzen queren
im Tandem den Gehweg

Klaus-Dieter Wirth

Streitende Kinder
Vor lauter wüstem Schimpfen
Schmerzen die Daumen

Monika Seidel

Ein einsamer Ball
mitten in einem Gebüsch
am Winteranfang.

Gerhard A. Spiller

wach gelegen
gelauscht & den regen
nicht gehört.

Thomas Steiner

Wer jetzt kein Holz hat
Wird im Winter frieren –
Heute Katzenwäsche

Elisabeth Weber-Strobel

Lagerfeuer
vom Himmel fallen
Perseiden

Stefanie Wichert

Abendläuten
ob die Fliege im Winter
bei mir frieren wird

Stefan Wolfschütz

wieder Herbst

und wieder ist er mir

einen Schritt voraus

Haiga: Gabriele Hartmann

Die Auswahl der folgenden Texte ebenso wie alle in dieser Ausgabe abgedruckten Haiga erfolgte durch Horst-Oliver Buchholz, Eleonore Nickolay, Claudia Brefeld und Thomas Opfermann.
Bei eigenen Einreichungen enthalten sich die Redaktionsmitglieder ihrer Stimme, Diskussion und Wertung.
Gerne verstärken wir unsere Jury in jeder Ausgabe um eine wechselnde Gaststimme. Wir laden alle DHG-Mitglieder ein, sich hierzu bei der Redaktion unter redaktion@sommergras.de zu melden!

Bei allen Beiträgen (inklusive Haiga) bitte keine Simultaneinsendungen. Bitte senden Sie je Gattung (Haiga, Haibun, Tan-Renga, etc.) **maximal drei** Beiträge an redaktion@sommergras.de!

Haibun

Marie-Luise Schulze Frenking

Ihr Enkelsohn

… liebt Dinos und weiß alles über sie. Tiersendungen, Basteln mit dem Opa, Backen mit der Oma – das alles interessiert ihn viel mehr als Comics oder Computerspiele. Sein Lieblingsort ist die Bücherei, dort liegt er stundenlang auf dem Boden und schaut Sachbücher an. Er kann es nicht abwarten, endlich selbst lesen zu können. Zu seinem großen Kummer ist der Freund, mit dem er die Kindergartenzeit verbracht hat, vor Kurzem weggezogen. Sein Handicap spürt er weniger: eine Weitsichtigkeit, wegen der er eine Brille mit dicken Gläsern tragen muss.

der kleine Rotschopf
mit der Zahnlücke umarmt
seine Schultüte

Ingrid Meinerts

Vibrieren

Mühlentag. Steile Holztreppen führen uns nach oben, vorbei an den unteren, bewohnten Etagen zu den Arbeitsböden. Es ist sehr eng hier. Gerade genügend Platz für die beiden steinernen Mühlsteine und einige geschickt angeordnete Wellen und Zahnräder.

Alles ist mit einer dünnen weißen Schicht bedeckt. Wo das Licht durch die staubigen Fenster fällt, werden in Ecken und Winkeln Spinnweben sichtbar. Feine Mehlpartikel schweben im Raum.

Der Müller zieht an einer Kette und setzt so die mächtigen Flügel in den Wind. Sie beginnen, sich zu drehen, und nehmen schnell Fahrt auf. Es braucht nur eine Brise, um ihre Bewegung auf die schweren Mahlsteine zu übertragen.

Ein Beben geht durch die Mühle. Holzbohlen knarren und ächzen. Der Boden schwankt unter den Füßen. Wir werden erfasst von diesem gewaltigen Schwingen und Vibrieren.

> Herbststürme
> das Seufzen
> der Bäume

Frank Sauer

Nakhon Sawan

> Kabelsalat
> wie verschlungen doch
> die Wege sind

70

Auf dem Markt bahnen wir uns in der schwülen, feuchten Mittagshitze einen Weg durch die engen Gassen zwischen den Marktständen, durch die satten Farben und Gerüche, die Stimmen und Klänge. Gebratenes, Gegrilltes, Gesottenes und Frittiertes. Käfer, Kakerlaken, sonstiges Getier und Früchte. Über allem hängen ineinander verstrickt und verknotet elektrische Leitungen, die zu entwirren niemand auf die Idee käme. Warum auch.

Michaela Kiock

Uraufführung

Ich träumte von einer neuen leeren Wohnung, lichtdurchflutet. Sie liegt auf einem Berg, wird erklettert. Ihre Seele: Säle, die ineinander übergehen. Alle Wände Fassaden aus Glas, es gibt nichts Abgeschlossenes. Ich blicke „hinaus" . . .

> am Horizont
> geht leuchtend
> die Erde auf

Helga Stania

unterwegs

von italien her wanderte er über die grüne grenze, der bär, einzig von einer fotofalle registriert, bleibt er verborgen in den engadiner wäldern, vielleicht als durchreisender beeren erntend an einem lichtungsrand

> sonnenglut eines widderchens rote flecken

[Widderchen (Zygaena carniolica), Schmetterling]

Angelika Holweger

Himmelsspektakel

Fasziniert beobachte ich eine Vogelformation. In Sekundenschnelle erfolgen die Richtungswechsel. Und alle Mitfliegenden folgen dieser Änderung ohne Kollision. Je nach Sonneneinstrahlung glänzt ihr Gefieder mal in Silbertönen, dann wieder tiefschwarz. So plötzlich wie der Schwarm aufgetaucht ist, verschwindet er.

dunkle Wolken jagen
drehe mich um
Richtung Heimat

Frank Sauer

Córdoba

Bei 41 Grad fahren wir durch die Berge. Braun, gelb, rot das Land, verdorrt, sandig. Das wenige Grün kommt nur von den unendlichen Olivenbaumplantagen, unterbrochen von kleinen Fincas, Ställen, Bewässerungshäuschen, Geräteschuppen.
Als wir die Mezquita betreten, bricht die Hitzewand hinter uns ab, und wir schweben durch dieses seltsam entrückte Gebäude, das im Namen verschiedener Religionen eine traumartige Symbiose bildet

zwischen den Säulen
verlieren sich Stimmen und
Glaubenssätze

Frank Sauer

Callantsoog

An der nordholländischen Küste sind die Tage im Mai manchmal so grau, dass auch ein stundenlanges Strandlaufen keine Erhellung bringt. Doch immer wieder ist es das Wasser, das mich anzieht. Die Ursuppe, aus der wir stammen, ob am Meer, am Fluss oder an einem See. Schwimmen ist Bewegung, fremdes und vertrautes Element zugleich. Möwengeschrei, Salzduft, das Atmen der Boote, Muschelschalen und Schneckengehäuse. Barfüßiges Wandern bis zum nächsten Strandcafé, das in weiter Entfernung nur als Punkt wahrzunehmen ist und kaum erreichbar scheint. Zur Belohnung ein Bier oder Kaffee und der nie müde werdende Blick auf die Fluten, ihr Heben und Senken in Atemzügen. Wellenschläge. Herzschläge

> an der See
> zu zweit sich selbst
> begegnen

Frank Sauer

Bozen – Messner Mountain Museum

Der Meister der Berge erzählt im Halbrund eines kleinen Amphitheaters aus seinem Bergsteigerleben, spricht von den Gefahren, sich selbst zu überschätzen, und den Gefahren, die der Gesundheit der Natur drohen, während quer über die steil hinaufführenden Treppen Gebetsfahnen wehen. Überall in den Mauernischen der spätmittelalterlichen Festungsanlage verteilen sich kleine Statuen und Kultgegenstände aus Asien, die zur Mythenbildung beitragen und das ganze Areal in einen spirituellen Ort verwandeln.
Der Kaffee ist köstlich im Schatten der Burgmauern von Schloss

Sigmundskron. Musik flutet aus der kleinen Bar und untermalt ein Gedicht in meinem Buch, das den Zustand der Welt in sich trägt, ein Gedicht, das ohne Seilbahn zu den Göttern emporschwebt. Wir schauen in einen Abend ohne Nachrichten und Aktienkurse und folgen dem zarten Frühlingslicht. Es hat kein Thema und keine Ansprüche und zieht ungebunden über uns hinweg

Feuerschalen
in der Wärme der Asche
noch ein paar Wörter

Petra Fischer

Verbunden

Husumer Flohmarkt. Er steht auf der Erde, der Karton mit den Bildern. Mein Blick fällt auf eine farbige Skizze. Eine junge Inuitfrau, sitzend, versunken. Bestickte Robbenfellstiefel, ein violetter Pullover, um den Kopf geschlungen ein breites blaues Band, das schwarze Haar zu einem länglichen Knoten hochgedreht. Weiter unten eine Zahl, 1909. Ich kaufe das Bild.

Ein paar Tage später nehme ich es aus dem stark vergilbten Rahmen. Auf der Rückseite finde ich einen Brief. Getippt, in dänischer Sprache. Grönland, 1968, Kaere Far or Mor. En god Jul …

Halbe Worte, die Ränder abgeschnitten

alter Eisfjord
eine knöcherne Puppe
taut auf

74

Gabriele Hartmann

Notaufnahme

Morgennebel
die Skelette der Birken
winken uns zu

Die Tachonadel zittert bei 105, 12 Minuten, Behinderten-Parkplatz beim Haupteingang. Die Drehtür setzt sich in Bewegung – wir treten ein, (zu) rasch vor –, stoppt, dreht sich weiter: *Wenn du es eilig hast, geh' langsam!*

Notfall, ich habe angerufen … Warten Sie vor der Ambulanz … Die Schwester erscheint, nimmt dich mit: Sie nicht! Ihr Ton lässt keinen Widerspruch aufkommen. Warten? Besser: schnell das Auto „richtig" parken. Wieder rein. Langsam(er) dieses Mal, die Drehtür macht mit.

Vor der Ambulanz nehme ich Platz. Warten. Langsam gewöhnen sich meine Augen an das Zwielicht. Ein Patient auf Socken schiebt einen Infusionsständer vor sich her, zwischen den Lippen eine kalte Zigarette, strebt dem Ausgang zu. Nachtschicht und Frühschicht begegnen einander, tauschen Freundlichkeiten aus. Eine der Kommenden balanciert eine Tasse, der Kaffee schwappt über. Den Boden zieren Tropfen.

Die Tür öffnet sich, die Schwester verlässt den Raum, du lächelst.

Brigitte ten Brink

Schönfärberei

Lea malt. Lea malt die Oma. Die Oma ist alt, aber schön, und Lea will sie schön malen. Sie malt das Gesicht. Omas Augen sind groß und blau. Beine kann Lea nicht so gut malen. Deshalb bekommt Oma ein langes Kleid, ein Abendkleid. Und weil Lea Stöckelschuhe schön findet, malt sie der Oma

Stöckelschule, in Rot. Rote Stöckelschuhe sind besonders schön, obwohl Lea Oma noch nie mit Stöckelschuhen gesehen hat. Sie malt Oma auch eine Perlenkette. Die trägt Oma wirklich – manchmal. Jetzt fehlen noch die Haare. Omas Haare sind weiß. Lea greift nach dem weißen Stift und stockt. Sie schaut auf den Stift, sie schaut auf das Papier. Weiße Haare auf weißem Papier – das geht nicht. Sie überlegt. Dann legt sie den weißen Stift fort, greift nach dem schwarzen und Oma bekommt schöne schwarze Haare und noch Ohrstecker in die Ohren gemalt. Lea ist zufrieden.

malen nach der Natur
das Modell wird angepasst

Brigitte ten Brink

Was im Leben zählt

Meine Großmutter war sechsundsechzig, als sie starb, und meine Kindheitserinnerung an sie ist die einer uralten Frau, die immer dunkelgekleidet in der großen Bauernküche in einem Korbstuhl neben dem Herd saß, die Hände im Schoß um einen Rosenkranz gefaltet, damit sie nicht zitterten. Ich wusste damals nicht, dass dieses Zittern einen Namen hatte – Parkinson. Es wurde nicht darüber gesprochen. In einem Alter, in dem Menschen meiner Generation die jungen Senioren genannt werden, war sie bereits alt und verbraucht. Verschlissen von zwei Kriegen, der Arbeit auf dem Hof, sechs Kindern, der Krankheit und einer inneren Einsamkeit, die sich unter der Decke eines Lebens in einer Großfamilie und einer funktionierenden Dorfgemeinschaft, also tiefgreifender sozialer Kontrolle, versteckte.

letzter Lebensinhalt
Beten
Tag für Tag

76

Christof Blumentrath

Treibgut

Noch
habe ich nicht um sie geweint.
Und auch jetzt,
allein
unter der verstummten
Pendeluhr,
scheint es mir verfrüht.
Vielleicht morgen.

   rauschendes Blut
   ich drücke mir dein Schweigen
   ans Ohr

Christof Blumentrath

fifty-fifty

Ein Beruhigungsmittel? Nein, ich kann das. Kein Problem.
Sie hat mir Kopfhörer aufgesetzt und einen Notrufknopf in die Hand
gelegt.
In einer engen Rakete, die ächzt und knarrt, fliege ich durchs All.
Ich lasse mich treiben.
Zwischen zwei Planeten, die mich umkreisen, wird es plötzlich still, und
sie öffnet die Klappbox um meinen Schädel.
An der Wand hinter ihrem Schreibtisch hängt eine Kinderzeichnung.
Jetzt wird sie mir alles genau erklären. Die Spitze des digitalen Zeigefingers
wandert auf dem Monitor durch eine Welt diffuser Grautöne, an

manchen Stellen verweilt sie für einen Moment, ihre Worte treiben ziellos durch den Raum.

Nach ihrem Schlusssatz betrachte ich schweigend den Fußboden und studiere das Muster des Linoleums.

Soll ich zustimmen? Was, wenn ich nein sage?

an der Gabelung
die drei Weisen spielen
schnick schnack schnuck

Haiga: Christof Blumentrath

Tan-Renga

Horst Ludwig und Sonja Raab

bilder der heimat
mit dem rollator von tür
zu tür

die langen Korridore
am andern Ende der Welt.

SR / HL

Michaela Kiock und Gabriele Hartmann

Novemberschatten
mit der Kamera sammelt sie
das Licht

geblendet flüstert er
JA

MK / GH

Michaela Kiock und Gabriele Hartmann

Kartoffelfeuer
ihre leuchtenden
Augen

im Glutnest
trifft sich unser Blick

GH / MK

Michaela Kiock und Gabriele Hartmann

leeres Schneckenhaus
über mir die Schwärze
des Weltraums

einst
unser Lieblingsplatz

MK / GH

Michaela Kiock und Gabriele Hartmann

Herbstlicht
will sich nicht heben – der Schleier
in ihren Augen

unter der warmen Bettdecke
dieses Schnurren

GH / MK

80

Bücher

Rüdiger Jung

Fund im Tagebuch

Ingo Cesaro (Projektidee u. Hrsg.): Fund im Tagebuch, 68 Seiten mit 336 Haiku/Senryu. 400 Exemplare, nummeriert und signiert, NEUE CRANACH PRESSE, Kronach Juli 2022

Ein Höhepunkt im Haiku-Jahr: die neue Anthologie von Ingo Cesaro. Diesmal waren Lieblings-Haiku und -Senryu gefragt. Ich entdecke Autoren und Autorinnen aus meiner unmittelbaren Umgebung, die ich zum Teil schon lange kenne und schätze: Angelica Seithe, Carla Bayer-Cornelius, Luise Rothenbächer, Friedrich Winzer, Susanne Backs. Und national und international jede Menge Prominenz: Horst Ludwig, Minna Maria Rembe, Burgi Jaenecke, Gisela Gülpen, Rainer Hesse, Saskia Ishikawa-Franke, Thomas Opfermann, Peter Rudolf, Moritz Wulf Lange, Maren Schönfeld, Sylvia Bacher, Stefanie Bucifal und Thomas Berger (bei „Jochen Berger" vermute ich ein Misreading; es dürfte sich eher um Thomas handeln, der schon seit Jahren die Cesaro-Anthologien mit seinen Texten bereichert).

Ein Abendessen kann unverfänglich sein. Im vorliegenden Fall?

Mit dir zu Abend –
die Gräten der Forellen
plötzlich Kopf an Kopf
　　Angelica Seithe, Wettenberg (S. 13)

„Kopf an Kopf": nur die „Forellen"? Oder auch die Speisenden (ich mutmaße: ein Paar)? Die „Gräten" halten die Ambivalenz im Spiel: Eros, Thanatos – beide großen Wirkmächte, die Sigmund Freud benennt, könnten hier im Spiel sein.

Es kommt der Zweifel auf, ob „Fisch" je unverfänglich ist:

Ich grille Fische
Die Katze betrachtet mich
wie Schwiegermutter

    Sasa Prokopiev, Skopje/Nordmakedonien
    Übertrag: Dragan J. Ristic (S. 41)

Kein Wort bewertet dieses Betrachtetwerden. Aber die Atmosphäre ist eindeutig. Und selbst noch an Weihnachten abrufbar:

Es klopft an der Tür
noch kein Lametta am Baum
die Schwiegermutter

    Wolfgang Gründer, Berlin (S. 56)

Selbst wenn mögliche Gefahren unbenannt bleiben: Haiku gehören nicht ins Fach der Idyllen:

Zwei Segelfalter
glückselig im Liebesspiel –
blind für die Gefahr.

    Thomas Berger, Kelkheim (S. 19) (s. o.)

Natur hat immer zwei Seiten, und das Leben ist nur eine davon:

Vögelchen im Nest
fast schon flügge, gespannt 'ne
Katze schleicht sich an

    Karin Baumgarten, Bergisch-Gladbach (S. 30)

Auch der Mensch ist im Haiku nicht automatisch auf Rosen gebettet:

Vormittag im Park
neben dem Spielplatz sucht sie
den Mülleimer ab

    Maren Schönfeld, Hamburg (S. 47)

Andererseits vermag selbst ein Insekt mitten im Alltag seine klaustrophobische Situation auf uns zu übertragen:

ein Lilienstrauß
im Zellophangefängnis
irrt eine Biene

    Dragan J. Ristic, Nis/Serbien (S. 20)

Ich falle mir selbst ins Wort: Doch, auch im Haiku gibt es Idylle. Und am ehesten glaubhaft, wie mir scheint, dann, wenn die Kindheit ins Spiel kommt:

mit ahoi brause
auf dem bonanzafahrrad
die ketten sprengen

    Hans Egerer, Petersaurach (S. 16)

Der berühmte Senryu-Humor kultiviert keineswegs nur die edlen Regungen. Vielmehr nimmt er den Menschen, so wie er ist, aufs Korn:

Bald ist es geschafft –
Eine Weinbergschnecke auf
dem Weg zum Nachbarn

    Reinhard Lehmitz, Rostock (S. 21)

Scheinbar ein Haiku: ein kleines Wesen, dem schon Issa Kobayashi seine Sympathie nicht verhelen konnte, auf seinem naturgemäß langsamen Weg – und ein empathischer Zuschauer. Ob er freilich so ganz uneigennützig ist – oder nicht doch ein Gran Schadenfreude bereithält? Immerhin ist die bejubelte Schnecke „auf dem Weg zum Nachbarn"! Ambivalenzen, wohin man schaut:

> Der einzige Baum
> In der Straße – voll Blüten.
> Ein Hund hebt sein Bein.
>> Moritz Wulf Lange, Hamburg (S. 31)

„Der einzige Baum in der Straße" – das macht ihn kostbar, sowohl in ästhetischer („voll Blüten") als auch pragmatischer Sicht („Ein Hund hebt sein Bein.") Und es lässt sich nicht abschließend klären, wer diesen „einzigen Baum" mehr liebt: Der zweibeinige Ästhet? Der pragmatische Vierbeiner?

Es ist die Stärke des Haiku, sein großes Potenzial, dass es erst einmal nur und ganz Augen, Ohr, Sinnlichkeit ist – und Interpretationen und Wertungen jedweder Art ganz und gar dem Leser überlässt:

> Andacht im Kloster
> in die stillen Gebete
> ruft laut ein Kuckuck
>> Helga Schulz Blank, Esslingen (S. 26)

Liegt da ein „faules Ei" im Nest der Stille oder wird sie durch den Ruf erst vertieft und intensiviert?
„Eine Schwalbe macht noch keinen Sommer", weiß die Volksweisheit, umso pfiffiger, sie mit dem Mindestgebot aus den Angeln zu heben:

> eine Schwalbe macht
> noch keinen Frühling aber –
> es gibt zwei davon
>> Agnieszka Smugla, Gdansk/Polen
>> Übertrag: Malgorzata Ploszewska (S. 26)

Immer wieder macht auch das Freude an den Anthologien Ingo Cesaros: ein Motiv in verschiedenen Texten auszumachen und dabei auch wiederum die Nuancen, in denen sich die Texte unterscheiden:

Christi Himmelfahrt
Amsel zieht am Regenwurm
auf dem frischen Grab

  Eva Beylich, Tübingen (S. 27)

Christi Himmelfahrt ist das Fest, mit dem im Kirchenjahr die vierzigtägige Osterzeit Ende und Höhepunkt findet. „Amsel zieht am Regenwurm": dieses Ringen „auf dem frischen Grab" ist so plastisch geschildert, dass es eine geradezu mystische Dimension heraufbeschwört: St. Georg im Kampf mit dem Drachen, der – wenn man so will – ja auch nur ein riesiger (Lind-)Wurm ist!

die Amsel landet
sie sucht Würmer für die Brut
auf dem frischen Grab

  Gerald Jatzek, Wien/Austria (S. 27)

Dasselbe Motiv, diesmal ohne jede religiöse oder mystische Dramatik. Aber nicht minder fesselnd: Das Leben steht in dem Zwiespalt, sich vom Leben zu nähren, dem es den Tod zufügt.
„Fund im Tagebuch": der Funde sind so viele, dass diese Rezension nicht einmal die schönsten vollständig erfassen kann. Zwei sollen noch besonders hervorgehoben sein: zum einem ein Belgier, der in kongenialer Weise auf den Spuren seines Landsmanns René Magritte unterwegs ist:

Er hat vergessen
die Wolken abzuwischen
der Fensterputzer

  Franz Terryn, Kortrijk/Belgien (S. 51)

Zum anderen ein Text, der – Ingo Cesaro spätestens im Dezember letzten Jahres eingereicht – geradezu prophetische Qualitäten hat, wenn es um die politischen und gesellschaftlichen Realitäten des vor uns liegenden Winters geht:

Die offene Tür –
alles nahm der Dieb mit, auch
die Wärme im Haus.

    Moritz Wulf Lange, Hamburg (S. 53)

Foto: Claudia Brefeld und Haiku: Bernadette Duncan

Brigitte ten Brink

In den zweigen

Petra Sela: in den zweigen. Haiku und Senryu mit Bildern von Nino Holm. Deutsch-Englisch-Wiener Dialekt.
Herausgeber: Österreichische Haiku Gesellschaft / ÖHG. ISBN 978-3-95047-829-7

> bin Gast auf Erden
> und im Universum
> wie Sonne und Mond
>> Petra Sela

Mehr an Text braucht es nicht, um dem Leser zu verdeutlichen, mit wie viel Respekt vor der Natur und vor dem Leben Petra Sela ihre Haiku und Senryu verfasst. Offenen Auges und offenen Ohres streift sie durch die Welt und sieht auch die Dinge, die leicht übersehen werden (wollen), weil sie nicht dorthin gehören.

> nahe am wäldchen
> hin zum strand – im sand eine
> glasscherbe (S. 67)

Doch von Anfang an: dem Eröffnungs-Haiku folgt ein doppelseitiges Bild des Malers Nino Holm mit dem Titel „At Ise Tempel waters, Japan". Zarte Zweige mit gelb-grünen Blättern vor einem in verschiedensten Grüntönen gehaltenen Wald stimmen auf die folgenden Texte ein. Immer wieder überrascht beim Umblättern eines der hauptsächlich in Grüntönen gehaltenen Bilder Nino Holms.

Petra Selas Werk „in den zweigen" zeigt nicht nur die idyllische, romantische Seite der Natur. Im Gegenteil, es macht auf Missstände aufmerksam, die, wie die oben erwähnte Glasscherbe, gerade durch ihren liebevollen Blick auf die Welt besonders hervortreten.

Eingeteilt ist das Buch in fünf Abschnitte, deren Überschriften

hintereinander gelesen schon viel über das Vorgehen, die Orte der Be-
obachtungen und die Wahrnehmungen der Autorin verraten: behutsam /
entlang des weges / im süden / mitten im Wald / keine stille.

Behutsam und aufmerksam geht Petra Sela ihre Wege, die sie durch ihre
unmittelbare und mittelbare Umgebung, z. B. den Supermarkt, die Pra-
terauen ihrer Heimatstadt Wien, die Wälder Österreichs führen, aber auch
in die südlichen Gefilde der Erdkugel, und still ist es hier nicht immer:

der ara – sein geschrei
lauter als die farben
des gefieders (S. 94)

verkohlte bäume
und sträucher – gestern noch das
konzert der zikaden (S. 65)

Sie zeigt auch die (von Menschen gemachte) Zerstörung der Landschaft
und der natürlichen Räume. Glücklicherweise gibt es sie aber auch noch,
die Momente, in denen die Welt noch in Ordnung zu sein scheint:

mit behutsamen
schritten den pfad entlang
ein reh auf der lichtung (S. 15)

die bäuerin
mit dem kamm frisiert die
heidelbeerstauden (S. 41)

wenn auch manchmal durch Event-Angebote etwas karikiert

mitten im wald ein
streichelzoo für kinder
für die eltern fassbier (S. 80)

Die Haiku Petra Selas zeigen die schönen Seiten der Natur, und sie zeigen das, was entsteht, wenn der Mensch nicht genug bekommen kann und in die natürlichen Abläufe eingreift, ja, sie zerstört. Sie sagen uns aber auch, dass wir, wenn wir aufmerksam bleiben, etwas ändern könnten, dass wir „nur" den Fokus auf die „kleinen" Dinge zu lenken bräuchten, um das Wesentliche zu erkennen.

> von pflanzen umhüllt
> die aufmerksamkeit gilt allein
> dem kleinen frosch (S. 115)

Jedem Haiku ist mit der hochdeutschen Fassung, seiner von Sylvia Bacher vorgenommenen Übersetzung ins Englische sowie der Version im Wiener Dialekt eine Buchseite gewidmet. Von Sylvia Bacher stammen auch die Übersetzungen des Impressums, des Vorworts von Traude Veran sowie die der Kurzbiografien von Petra Sela und Nino Holm ins Englische.

Gabriele Hartmann

Casablanca Café – Gedichte und Haiku von Ralph Günther Mohnnau

Gedichte entnommen den Bänden „ich pflanze tollkirschen in die wüsten der städte" 1987, „Der Tanz des Kondors" 1988, „zitternd wie schilfgras" 2012; Haiku tw. in Erst-veröffentlichung
Idee und Konzeption atelier alpha sieben, Sulzbach (Taunus)
Gesamtherstellung alpha print, Sulzbach (Taunus)
gefördert von der MOHNNAU gemeinnützigen Stiftung für Kunst und Dichtung; er-schienen im Alpha Literatur Verlag Frankfurt am Main; 2022; ISBN 978-3-94994-301-0

Die Post! Herzklopfen. Ein Brief von Ralph Günther Mohnnau, die Spannung beim Öffnen des neutralen Umschlags: wächst. Wieder ein neues Buch, wieder ein **Künstlerbuch**, wieder ein **KLEINOD!!!**

Handlich, nahezu quadratisch (um die 15 cm, Handarbeit!), von gelbem
Faden im Zickzack gehalten, ein herzförmiges Motiv auf der Vorderseite,
leuchtend rot, gelb gerändert. Zitternde Hände, ich schlage das Buch auf.
Gleich vorne: ein gelbes Blatt, handgeschöpft, ganz hinten: auch. Im
nächsten Moment assoziiere ich: „gelber Sand", denn:

der wind
heute vom meer gestern
aus der sahara

Getragen von diesem Wind – einem Orkan fast – blättere ich hinein in
das Meer – einem Ozean gleich – aus Seiten, Sätzen, Worten, Zeichen,
die keine Sahara – keine uniforme Wüste – sind, sondern lebhafte Struk-
tur finden in teils schrägem Satz, Schrift(en, überwiegend Century Go-
thic), Grad, Größe ... Beim Blättern wieder (m)eine Überraschung: Ei-
nige der „unbeschriebenen Seiten" sind eingeklappt, öffnen sich in ein
langes, gar überlanges Format, zeigen auf ihrer Innenseite! Gedichte, die
sich dem Geist des Haiku entziehen, ihn (auf)suchen, wieder(auf)finden

siehst du/fremder/das schilf nicht wie es sich wiegt/am grunde des meeres

in haikuesken, manchmal tankaesken Elementen, diese einmal als „das
blau/das gelb/das grün/das rot" gruppiert. Ja, Farben beherrschen das
Papier: bunte Buchstaben und Grafiken von Kasia Lewandowska. Und
ja, Farben finden sich auch (verborgen) in den Worten:

Casablanca Café –
mit der untergehenden sonne gleitet
der tag in die nacht

Dieses (das titelgebende) Haiku prahlt mit der Kraft von schwindendem
Rot. Und die Farben machen keinen Halt, auch nicht vor Metapher &
Erotik:

… DANN möchte ich maler sein
    dich auswechseln wie eine farbe
        dunkelrot gegen hellorange …

Und dann wieder wird es (fast) klassisch (Haiku):

des sommers ende
die leeren korbstühle erzählen
sich geschichten

Und dann blättere ich nochmal zurück, eine der eingeklappten Seiten
nochmal auf, stürze mich nochmal hinein in einen der kostbaren, köstli-
chen Augenblicke (zwischen…)

angeschwemmtem zeug
    dort findest du sie
        die perle
            den traum
                und auch: das leben

Berichte

Volker Friebel

Preis der Netzpräsenz Haiku heute

Im Sommer 2022 schrieb *Haiku heute* zum vierten Mal einen Haiku-Preis aus. Jeder Autor konnte zwei Kurzgedichte einreichen. Materielles war nicht zu gewinnen, doch für die erste Preiskategorie (drei Texte) ein Zertifikat sowie für alle Ausgewählten Ruhm und Ehre. Hier sind die bestbepunkteten Texte:

Erste Preiskategorie
Drei Texte, alphabetisch geordnet.

Abendläuten
ein Gleitschirmflieger
faltet den Tag
    Friedrich Winzer

nächtliches Meer
das leise Gleiten
von Stern zu Stern
    Petra Fischer

Vaters Heimkehr –
Nächte voll Heuduft und
wehender Sterne
    Angelica Seithe

Zweite Preiskategorie
Sieben Texte, alphabetisch geordnet.

die buschwindröschen
ducken sich ins dürre laub
krieg in europa
Markus Kirchhofer

die kondensstreifen
der flugzeuge am himmel
meine gedichte
Markus Kirchhofer

Durch Felder streifen
Und wenn nur in Gedanken
Der Wind trägt Fenchel
Monika Seidel

gestrandet zwischen
Gualala* und dem Mond
ein tiefer Seufzer
(*Gualala war der Wohnort der Reichholds in Kalifornien)
Beate Conrad

ihre Lippen
aufgespritzt
der Schmerz
Matthias Gysel

nach dem Gewitter
die Amsel
unplugged
Gabriele Hartmann

Perseidennacht
die ungesungenen Lieder
tief in uns

    Petra Fischer

Es gingen 186 Texte von 97 Autoren ein.
Die Auswahl traf Dietmar Tauchner ohne Kenntnis der Autorennamen.
Die Koordination leistete Volker Friebel.

Den Preisträgern unsere Glückwünsche, auch allen anderen Dank für ihre Mitarbeit.

Widmung: Der Haiku-Preis bietet Gelegenheit, auf für das deutschsprachige Haiku wichtige Personen hinzuweisen. Im Jahr 2022 ist der Haiku-Preis Jane Reichhold (1937–2016) und Werner Reichhold (1925–2017) gewidmet. Selbst herausragende und einflussreiche Autoren fanden in ihrem „Netz-Journal deutschsprachige Dichter" immer eine offene Tür. Jane Reichhold hatte in Deutschland studiert, auch einen deutschsprachigen Haiku-Band veröffentlicht, Werner Reichhold war eigentlich Künstler aus Berlin, wandte sich aber auch mit höchst eigenwilligen Schöpfungen dem Gedicht zu. 1987 zog das Paar nach Kalifornien.
Ihre Netzpräsenz ist online: https://www.ahapoetry.com/

Werkstattgespräch – Haiku erleben, schreiben und lesen

Marie-Luise Schulze Frenking beantwortet Fragen von **Mirjam Heintzeler.** Der vollständige Text erschien im September 2022 auf Mirjam Heintzelers Blog *ichtich* (https://www.ichtich.de).

Marie-Luise, seit wann schreibst du Geschichten, Gedichte, Haiku?

Seit meinem zehnten Lebensjahr schreibe ich Tagebuch. Meine Mutter gab mir ins Ferienlager ein Schreibheft mit, und ich bin ihr bis heute dankbar, dass sie mich zum Schreiben animierte. Gelesen habe ich immer und als Kind wollte ich Schriftstellerin werden. Leider fehlt mir die Fantasie, mir Geschichten und Dialoge auszudenken.

In unserer Familie waren Comics verpönt, so las ich als Ersatz die gesammelten Werke von Wilhelm Busch. Er inspirierte mich, selbst zu reimen: für Familienfeste, Hochzeitszeitungen, Geburtstagskarten oder eine (peinliche) Abiturrede.

Ich schrieb weiter Tagebuch und versuchte mich an verschiedenen Textformen, ohne für mich die passende zu finden. Unter anderem machte ich Wahrnehmungsübungen und notierte nach Spaziergängen alles, was ich unterwegs mit meinen fünf Sinnen aufnehmen konnte. Ich stieß auf ein Lyrikarbeitsbuch von Günter Waldmann, das ich durcharbeiten wollte. Gleich im ersten Kapitel von Waldmanns Buch geht es um das Schreiben von Haiku, das so charakterisiert wird:

> „Traditionellerweise hat es Naturerscheinungen und -stimmungen zum Gegenstand und behandelt sie oft so, daß sein Gegenstand mehrschichtig erscheint, daß Gegensätze oder daß Allgemeines an ihm sichtbar werden."

(Günter Waldmann: „Produktiver Umgang mit Lyrik. Eine systematische Einführung in die Lyrik, ihre produktive Erfahrung und ihr Schreiben", Schneider Verlag Hohengehren, 8. korrigierte Auflage 2003, S. 13)

Es reizte mich zu versuchen, die Sinneseindrücke in reduzierter und sprachlich strenger Form festzuhalten, und plötzlich flog mir mein erstes Haiku zu, es war im Urlaub 2018:

grau zieht der Nebel
vom Meer in die Stadt
bringt Seeluft mit sich

Das ist nichts Bewegendes, aber es war ein Anfang, und von da an ver-
suchte ich, Wahrnehmungen um mich herum in das Schema von drei Zei-
len mit fünf – sieben – fünf Silben zu fassen.

Was sind Haiku – was kannst du über Haiku erzählen?

Ich fand über das Internet ein Buch, in dem ich mehr über Haiku erfahren
und praktische Anleitung bekommen konnte: Stefan Valentin Müller,
„Haiku schreiben, eine kleine Schule"(BoD, Norderstedt 2016). Dieses
dünne Arbeitsbüchlein hat mir sehr geholfen, wesentliche Charakteristika
zu beachten und bessere Haiku zu schreiben: einfache Sprache, Gegen-
wärtigkeit, Darstellung eines sinnlich erfahrenen Augenblicks, Jahres-
zeitenbezug, Ungesagtes, das beim Leser nachhallt. Die Silben- und sogar
die Zeilenregeln treten mit der Zeit in den Hintergrund, ebenso lässt sich
auch ein Haiku ohne Jahreszeitenbezug, sogar ohne Bezug zur Natur
schreiben: „Kurz soll es sein, konkret, offen" (Müller, S. 49). Müller er-
wähnt auch das Tanka als Vorläufer des Haiku mit fünf Zeilen und der
Richtschnur fünf – sieben – fünf – sieben – sieben Moren bzw. Silben.

Gleich zu Anfang habe ich ein weiteres Buch gelesen, das den Haiku-
Dichter Issa im Titel führt: David G. Lanoue, „Schreiben wie Issa – ein
Haiku-Ratgeber" (Haiku24.de, BoD, Nordersted 2018*).

Lanoue sagt von Issa, er schreibe

> „… konsequent mit so viel Mitgefühl, Einsicht, Humor, Ehrlichkeit und Fan-
> tasie, dass meiner Meinung nach niemand anderes besser geeignet ist, anhand
> seines Beispiels einen Weg des Haiku zu lehren, der auch in unserem 21. Jahr-
> hundert so attraktiv und vielversprechend ist wie einst im achtzehnten und
> frühen neunzehnten Jahrhundert." (Lanoue, S. 10).

Mir hat dieses Buch den Geist des Haiku nahegebracht.

**Wie kamst du dazu, ausgerechnet Haiku zu schreiben – was faszi-
niert dich an Haiku? Warum gerade Haiku?**

Haiku fordern mich heraus, in wenigen Worten eine Situation so wieder-
zugeben, dass nicht nur ich selbst mich später daran erinnere, sondern sich
auch ein Leser in die Szene versetzen und nachvollziehen kann, wie dieser
Augenblick war – ohne dass ich ihm meine eigenen Gefühle aufdränge.
Der Autor tritt hinter das Haiku zurück. Die Leserin soll selbst bei sich
fühlen und weiterdenken.

Stefan Müller spricht vom Haiku-Moment: „Haiku halten solche Mo-
mente fest, in denen wir berührt werden und die Welt im doppelten Sinn
begreifen" (Müller, S. 4). Wenn ich selbst nach langer Zeit meine Haiku
lese, weiß ich bei den meisten, wo und in welcher Situation ich sie geschrie-
ben habe. Es ist wie Tagebuchschreiben in konzentrierter Form, das Fest-
halten des flüchtigen Augenblicks. Das fasziniert mich.

**Was veranlasst dich, ein Haiku zu schreiben? Gibt es einen äußeren
Anstoß fürs Schreiben?**

Es gibt Haiku, die plötzlich ohne bewusste Absicht aus dem Augenblick
heraus entstehen. Einmal kam ich nachts heim und beim Aufschließen der
Haustür war ein Haiku da:

> sternenklare Nacht
> in der Luft der erste Frost
> und Kranichrufe

Es kommt aber ebenso vor, dass ich etwas gesehen oder erlebt habe und
lange daran feile, es in die passende Form zu bringen.

Ein ganzes Jahr lang sind mein Mann und ich mehrmals in der Woche
eine Stunde gewalkt, und jedes Mal habe ich ein oder mehrere Haiku von
unterwegs mitgebracht. Weil ich nicht die begeisterte Sportlerin bin, waren
sie oft die Motivation, überhaupt loszugehen. Die dabei entstandenen
Haiku haben mir bewusst gemacht, wieviel Schönes es draußen zu entde-
cken gibt und wie sich die Natur im Laufe des Jahres verändert. Die

vergänglichen Momente mit allen Sinnen zu erfahren und sie in einem Haiku aufzubewahren, ist seitdem eine Freude und Bereicherung meines Lebens.

Hat sich deine Art, ein Haiku zu schreiben, verändert? Wie?

Von den reinen Naturbeschreibungen habe ich mich etwas entfernt. Stattdessen versuche ich häufiger, Zwischenmenschliches zu erfassen, aber das oft in Bezug zum Erleben der Natur. Ich merke, dass auch dafür das Hinausgehen und konkrete Beobachten notwendig ist. Wenn ich eine entsprechende Situation erlebt habe, kann auch am Schreibtisch in der Rückschau ein Haiku entstehen:

auf dem Schlittenberg
der Vater hinter dem Sohn
ist wieder sieben

Hast du Vorbilder, die dich in deiner Art zu schreiben besonders beeinflusst haben?

Ich habe mir nach und nach Haiku-Anthologien und Jahrbücher beschafft und viele Haiku gelesen. Hier einige der Titel:

– „Haiku – Japanische Dreizeiler", ausgewählt und übersetzt von Jan Ulenbrook, Reclamverlag, 1995
– „Japanische Jahreszeiten – Tanka und Haiku aus dreizehn Jahrhunderten", aus dem Japanischen von Gerolf Coudenhove, Manesse-Verlag, 1963
– „Gäbe es keine Kirschblüten – Tanka aus 1300 Jahren", ausgewählt, übersetzt und herausgegeben von Yukitsuna Sasaki, Eduard Klopfenstein und Masami Ono-Fellner, Reclamverlag, 2009
– „Haiku" – herausgegeben und aus dem Englischen übersetzt von Hans Jürgen Balmes, Fischer TaschenBibliothek 2018
– „Haiku hier und heute", mit einem Nachwort, herausgegeben von Rainer Stolz und Udo Wenzel, dtv 2012
– „Gesammelte Augenblicke. Deutschsprachige Haikus der Gegenwart", herausgegeben von Gerhard Stein, Werner Kristkeitz Verlag 2013

– „Haiku-Jahrbücher", herausgegeben von Volker Friebel, Edition Blaue Felder seit 2003

Sehr interessant zu studieren sind zwei Bücher, die das Thema analytisch-wissenschaftlich angehen, sämtliche Spielarten des Haiku vorstellen und aus einer Reihe hervorgegangen sind, die über Jahre in der Zeitschrift „Sommergras" der Deutschen Haiku-Gesellschaft veröffentlicht wurde: Klaus-Dieter Wirth, „Der Ruf des Hototogisu, Grundbausteine des Haiku", Teil I und II, Allitera Verlag 2019 und 2020.

So habe ich zunächst die klassisch-japanischen Haiku gelesen, dann zunehmend moderne deutsche und mich mit verschiedenen Ausdrucksmöglichkeiten vertraut gemacht. Das spiegelt sich in den eigenen Haiku: Zuerst ging es um Naturerscheinungen, immer im fünf-sieben-fünf-Schema, dann kamen andere Themen dazu und die Form lockerte sich. Manche meiner Haiku umfassen jetzt nur noch drei oder vier Worte:

endlich
freigetestet
atmen

Wie sieht die „Community" für Haiku-Schreibende aus: Welche Gruppierungen und Austauschmöglichkeiten gibt es und welche nutzt du?

Zunächst bin ich über das Internet auf die Deutsche Haiku-Gesellschaft gestoßen. Durch Verweise auf dieser Website habe ich weitere Seiten gefunden, auf denen viele Haiku zu entdecken sind und die gleichzeitig die Möglichkeit geben, eigene Haiku einzusenden.

Am 15. jedes Monats veröffentlicht Volker Friebel eine größere Anzahl Haiku, die er aus jeweils vier- bis fünfhundert Einsendungen auswählt. Dort kann jeder pro Monat bis zu zwölf Haiku einreichen. Alle bisher ausgewählten Haiku sind archiviert und können nachgelesen werden bei „Haiku heute". Die Seite bietet viele Informationen, Artikel und Hilfestellungen zum Haiku-Schreiben.

Stefan Wolfschütz pflegt eine Seite mit einem monatlichen Kukai. Das bedeutet, dass man ein Haiku einsendet, das dann von allen Teilnehmern am Monatsende bewertet wird. Dieses Format gibt den Autoren Resonanz, wie das eigene Haiku bei anderen ankommt.

Eine auf Tanka spezialisierte Seite, betreut von Tony Böhle, gibt einmal im Quartal das Internetjournal „einunddreißig" heraus, auch hier kann man sich beteiligen.

Claudia Brefeld stellt monatlich „Haiga im Focus" ins Netz – Haiga sind Haiku in Kombination mit Fotos, die aber nicht einfach den Inhalt des Haiku wiederholen, sondern in denen sich Text und Bild gegenseitig ergänzen beziehungsweise in einem Spannungsverhältnis stehen.

Auf den Webpräsenzen lassen sich vorangegangene Auswahlen nachlesen und studieren. Zusätzlich gibt es verschiedene, auch internationale Wettbewerbe und Aufrufe, zu bestimmten Themen Haiku einzusenden.

Was hältst du von der Verbindung von Foto und Haiku: Gibt es bestimmte Bilder, die du fotografierst und die zugleich Anlass für ein Haiku sind?

Die Kombination Bild und Haiku, die den speziellen Ausdruck „Haiga" trägt, ist nicht einfach eine Entsprechung. Ich habe die besondere Beziehung noch nicht wirklich verstanden und taste mich durch Einsenden von Haiku zu dem monatlich vorgestellten Foto von Claudia Brefeld auf ihrer Website an Haiga heran. Dazu ein Beispiel, das illustrieren mag, in welcher Beziehung Bild und Haiku im Haiga stehen. Eines der Fotos von Claudia Brefeld zeigt einen Marienkäfer, der mit dem Teleobjektiv aufgenommen wurde. Dazu habe ich das Haiku geschrieben:

der Weg zum Spielplatz
mit den Augen des Kleinen
ein Abenteuer

Was ist zuerst da: ein Bild, eine Empfindung, ein Gedanke – und dann das Haiku? Oder andersherum: Worte, Haiku – und dann das Bild?

Für mich ist es immer zuerst eine konkrete Situation oder eine Erinnerung, manchmal festgehalten in einem Foto, die ein Haiku auslöst, bzw. ein Gedanke, der sich in einem Haiku niederschlägt. Als Beispiel ein Tanka, veröffentlicht und von Valeria Barouch in „einunddreißig" 5/2022 besprochen:

> die alte Dame
> kann mit ihrem Rollator
> nur mühsam gehen
> doch trägt sie immer noch Rouge
> und ein Lächeln im Gesicht

Dieses Bild steht wie ein Foto vor mir: Ich stand in Venedig am Fenster und beobachtete eine gut geschminkte Italienerin in fortgeschrittenem Alter, gestützt auf ihren Rollator, die eine junge Frau neben sich anstrahlte und mit ihr parlierte, charmant trotz ihres Handicaps. Dieses Bild setzte sich gleich um in ein Tanka. Umgekehrt wüsste ich nicht, wie ein Bild aussehen sollte, das diesen Text zu einem Haiga ergänzt. Wie gesagt, davon habe ich noch keine rechte Ahnung.

Welche Fragen fehlen hier – was möchtest du uns noch zum Thema Haiku-Schreiben sagen?

Das Schreiben von Haiku macht Freude! Wer seine Wahrnehmungsfähigkeit üben will, wer es liebt, mit Sprache zu spielen, wer kreativ sein will, für den oder die ist das Haiku-Dichten eine spannende und gleichzeitig beruhigende Beschäftigung. Und der Stoff geht nie aus.

Auch das Haiku-Lesen genieße ich. Immer wieder habe ich Aha-Erlebnisse, freue mich, wenn jemand einen Moment so eingefangen hat, dass ich mittendrin bin oder sage: Ja genau, so ist es. Es gibt Haiku, bei denen ich lachen muss. Als Ersatz für Beispiele anderer Autoren wieder eins von mir:

> die Maus im Bad
> bringt mich ganz
> aus dem Gleichgewicht

Im Übrigen fällt mir noch ein: Ich habe die Freiheit, Regeln zu befolgen oder es eben nicht zu tun. Es gibt Haiku, die nur aus einer Zeile bestehen. Es gibt Autoren, die generell nur kleinschreiben. Manche benutzen Satzzeichen, ich so gut wie nicht. Andere schreiben den Anfangsbuchstaben jeder Zeile groß, ich lasse sie, außer wenn es sich um Nomen handelt, klein beginnen. Ich kann experimentieren mit der Form und über jedes Thema und jede Begebenheit schreiben, wenn diese einen Haiku-Moment in mir auslösen.

Die Grundregel ist eingangs als Zitat von Stefan Valentin Müller erwähnt: „Kurz soll es sein, konkret, offen", vieles andere ist dichterische Freiheit.

Mir hat das Haiku – das Erleben, das Schreiben und das Lesen – die Augen geöffnet für das Unscheinbare, Kleine und Wunderbare in der Natur, in meiner Umgebung und im gewöhnlichen Alltag. Ich schaue genauer hin und freue mich an allem, was mir Schönes begegnet. Ebenso kann ich auch Trauriges und Schweres, das ich erlebe, in eigenen Haiku ausdrücken oder in denen anderer Dichter wiederfinden. Hierzu ein letztes Haiku, das in der Maiausgabe von Haiku heute von René Possél besprochen wurde:

> Ostermorgen
> vor unserem Haus spielen
> Irynas Kinder

Auch die Hoffnung hat Platz in drei Zeilen.

Zum Schluss aus Stefan Müllers Arbeitsbuch ein praktischer Tipp für Anfänger:

„Der beste Rat zum Haiku-Schreiben heißt: bequeme Schuhe. Gehen, in Feld und Wald, in Allee und Fußgängerzone. Gehen, offenen Auges gehen. Oder im Kopf spazieren. Aus erlebten, aufmerksamen Momenten schöpfen und dies in Haiku-Formen gießen. […] Viele Haiku schreiben, viele lesen."

(Stefan Valentin Müller, „Haiku schreiben, eine kleine Schule", BoD, Norderstedt 2016, S. 43.)

Ich wünsche viel Vergnügen und Bereicherung beim Ausprobieren.

Herzlichen Dank, Marie-Luise, für deine Ausführungen!

Beate Wirth-Ortmann

Haiku-Workshop in Wiesbaden-Bierstadt am 16. Oktober 2022

Zweieinhalb Jahre Corona-Pandemie, vier ausgefallene Workshops: Es war so wohltuend, sich endlich wieder zum Gedankenaustausch und Lernen in der alten Robert-Koch-Schule in Wiesbaden-Bierstadt treffen zu können. Ruth Karoline Mieger hatte wieder fleißig Mails verschickt, und trotz einiger Vertröstungen aufs nächste Jahr trafen sich acht Teilnehmer, teils Newcomer, teils alte Hasen, im Klassenraum.

Zu Anfang gedachten alle des nach kurzer, heftiger Erkrankung viel zu frühen Todes von Werner Buschmann. Er hatte mit seiner intensiven, freundlichen Wissbegier und seinen unkonventionellen Beiträgen viel zu den lebhaften Diskussionen beigetragen. Seine Frau Gabi kündigte an, weiterhin, auch im Sinne Werners, den Workshops beizuwohnen.

Da wegen der langen Pause und auch wegen der neuen Teilnehmer eine Auffrischung angebracht erschien, referierte Klaus-Dieter Wirth dann über die Basis-Elemente des Haiku, die aber hier nicht wiederholt werden müssen, zumal sie in den früheren Berichten mehrfach ausführlich behandelt wurden.

Um aber den Interpretationshorizont eines japanischen Haiku zu verdeutlichen, wurde folgendes Beispiel mit der wörtlichen Übersetzung vorgestellt:

nagaki   hi   mo / saezuri   taranu / hibari   kana

lang   Sonne   auch / zwitschern   nicht   genug / Lerche

Alle knobelten an einer adäquaten Formulierung. Lösungsvorschläge durch folgende Übersetzer verdeutlichen die Schwierigkeit, das Gemeinte auszudrücken:

Den ganzen Tag durch
Wird doch des Singens nicht satt
Die kleine Lerche!
    J. Ulenbrock (1963)

Durch den langen Tag
immer jubeln, ist dir noch,
Lerche, nicht genug?
    G. Coudenhove (1963)

Den ganzen langen Tag
gesungen – aber der Lerche
war er nicht lang genug.
    D. Krusche (1994)

selbst ein langer Tag
reicht ihr nicht, der Lerche
für ihren Gesang
    K.-D. Wirth (2016)

Folgender Perspektivwechsel könnte ebenfalls gemeint sein? Übersetzungen japanischer Autoren ins Englische belegen allerdings die erste Sichtweise bzw. Zuordnung.

Ein langer Sommertag
doch kaum
Lerchengezwitscher

Die Nachmittagsstunden waren wieder den Haiku-Vorträgen der Teilnehmer gewidmet, wobei den Neuen der Vortritt gelassen wurde. Originalversionen mit Korrekturvorschlägen, entscheidend bleibt immer die Vorstellung des Autors:

Herbststürme am Meer
morsche Pappeln im Garten
Zähne fallen aus

um drei Bilder zu vermeiden,
sollte auf „am Meer" verzichtet
werden.

Der Sommer glüht
Mohnblumen zünden ihn an
Es duftet nach Brot

Mohnblumen blühen
der Sommer entzündet sich
Duft nach Brot

Das Licht des vollen
Mondes liegt sanft auf dem Land
– eines Jägers Schuss

Das Licht des Vollmonds
so sanft auf dem Land / über dem Land
eines Jägers Schuss

Plötzlich aufgeblitzt –
Frühe Sommer im Gras
und Maiglöckchentage

Maiglöckchen
meine Kindertage im Gras
aufgeblitzt

Die Kindheitsfreunde
zum Abschied versammelt
vor dem Bücherschrank

Vor dem Bücherschrank
zum Abschied versammelt
Kindheitsfreunde

Dunkle Schneeberge
verarmte Gletscherspalten
Stille überall

Dunkle Schneeberge
schwindende Gletscher
geraubte Stille

Schnee und Glockenklang
das Gartentor geht jetzt auf
der Wind, nur der Wind

Glockenklang
das Gartentor geht auf
Wind, nur der Wind

Mein Morgentauglitzern   „Mein" und „und" weglassen
auf der Haut des neuen Tages
und Baumgezwitscher

Der sommerliche Oktobertag verging im Flug, und jeder fuhr im Sonnen-
schein heim, nicht ohne Zufriedenheit über den Tag und den Wunsch
nach Weiterführung.

Das nächste Treffen wird voraussichtlich am **2. April 2023** an gleicher
Stelle stattfinden können, wenn kein neuer Lockdown erfolgt und alle ge-
sund bleiben.

Foto: Ruth Karoline Mieger

Mitteilungen

Neuveröffentlichungen

1. Volker Friebel (2022): Lyrik 1. Edition Blaue Felder, Tübingen. 246 Seiten, nur als E-Buch. Enthält die Bücher „Brunnensteine" (2002) und „Nachricht von den Wolken" (2007).

2. Volker Friebel (2022): Lyrik 2. Edition Blaue Felder, Tübingen. 324 Seiten, nur als E-Buch. Enthält die Bücher „Zonen der Kampfjets" (2010), „Die 7 Töne des Waldes" (2011), „Gejagt von Wolkenschatten" (2013), „Oberleitungsschaden" (2013), „Spatzengeplauder" (2018).

3. Volker Friebel (2022): Lyrik 3. Edition Blaue Felder, Tübingen. 258 Seiten, nur als E-Buch. Enthält die Bücher „Die Lieder der Gräser" (2018), „Lebensgezeiten" (2019), „Manchmal Tau" (2019).

4. Renate Maria Riehemann: Haiku-Heft 05 „Von Weitem Kraniche", präsentiert einen Querschnitt aus dem Schaffen der Haiku-Dichterin, 10,8 x 17 cm, Paperback, 48 Seiten, ISBN: 978-3-94902-915-8, Rotkiefer Verlag

5. Horst Oliver Buchholz: Haiku-Heft 06 „Fließende Himmel", gewährt einen Einblick in das Haiku-Schaffen des Dichters, 10,8 x 17 cm, Paperback, 48 Seiten, ISBN: 978-3- 94902-918-9, Rotkiefer Verlag

6. Traude Veran: „Haiku schreiben – ein Weg der nie endet", ein Feuerwerk von zahlreichen Artikeln, Aufsätzen und Projekten der Autorin aus 40 Jahren, ISBN: 978-3-94902-917-2, Rotkiefer Verlag

7. HAIKU-KALENDER 2023, mit Haiku durch das Jahr, ein Monatskalender zum Aufhängen und Liebhaben, A4 Wandkalender, 12 Monate, exklusiv nur über unseren Shop beziehbar: www.rotkiefer-verlag.de/shop.

Sonstiges

Abonnement der Haiku-Hefte – ab 1. Januar 2023: Der Rotkiefer-Verlag bietet ab 01. Januar 2023 ein Abonnement der Haiku-Hefte an. Bei der dreimal jährlich erscheinenden Heftserie steht je ein zeitgenössischer Dichter im Fokus, der einen Querschnitt aus seinem Haiku-Schaffen präsentiert. Abonnement (jeweils für 3 Hefte), Lieferung nach Überweisung von 20 € Inland, inklusive Porto; 26 € Ausland, inklusive Porto. Start mit dem aktuellen Heft, Bestellung des Abos über das Formular auf der Webseite (ab 1.1.23), per Post oder E-Mail. www.rotkiefer-verlag.de

Ausschreibung Haiku-Jahrbuch 2022
Das Haiku-Jahrbuch ist der Versuch, ein Gedächtnis des deutschsprachigen Haiku aufzubauen. Alle bisher erschienenen Jahrbücher (2003–2021) sind unter folgender Adresse kostenfrei ladbar:
www.haiku-heute.de/jahrbuch

Für das Haiku-Jahrbuch 2022 werden die besten Haiku gesucht, die 2022 entweder geschrieben oder erstmals veröffentlicht wurden, gerne auch in Mundart (zur leichteren Beurteilung bitte mit Übersetzung ins Hochdeutsche). Senden Sie bitte Ihre besten Haiku des Jahres ein (maximal 50). Die Texte dürfen durchaus bereits an anderer Stelle veröffentlicht sein, Sie müssen aber über die Rechte verfügen. Auch Tan-Renga sind erwünscht, längere Kettengedichte, Tanka oder Haiku-Prosa dagegen nicht.

Bitte fügen Sie noch einige Zeilen zu Ihrer Person hinzu, die, bearbeitet, ins Autorenverzeichnis aufgenommen werden können (Vor- und Nachname, Geburtsjahr, Wohnort, Tätigkeit, Sonstiges).

Das Jahrbuch wird sowohl als Papierdruck als auch elektronisch veröffentlicht. Jeder aufgenommene Autor erhält, soweit er eine E-Mail-Adresse angibt, kostenfrei eine elektronische Datei.

Mit der Einsendung erklären Sie, dass Sie über die Rechte an den eingereichten Texten verfügen und mit dem kostenfreien Abdruck im Haiku-Jahrbuch (Papierdruck sowie elektronische Datei) unwiderruflich einverstanden sind. Alle weiteren Rechte bleiben bei Ihnen, Sie können über Ihre Texte also weiterhin frei verfügen.

Einsendungen bitte an: Volker Friebel, Denzenbergstraße 29, 72074 Tübingen (Deutschland), vorzugsweise aber über das Einsendeformular zum Jahrbuch auf www.haiku-heute.de/jahrbuch. Die Einsendefrist endet am 15. Januar 2023. Benachrichtigungen erfolgen über www.haiku-heute.de und über die E-Mail-Adressen der Einsender.

DHG-Virtuelle Haiku-Gruppe

Seit August dieses Jahres bietet die DHG ihren Mitgliedern eine virtuelle Haiku-Arbeitsgruppe an. Sie findet via Zoom jeden ersten Donnerstag im Monat von 18 Uhr bis 19:30 Uhr statt.

Drei bis vier Tage vor jedem Treffen werden alle Mitglieder von Stefan Wolfschütz per Mail angeschrieben und eingeladen und über die Zugangsdaten informiert. Wer im Vorfeld technische Fragen zum Procedere hat, kann sich gerne an Stefan Wolfschütz wenden: stefan.wolfschuetz@dhg-vorstand.de

Die Teilnehmerinnen und Teilnehmer sind eingeladen, sich mit je einem Haiku einzubringen, sind aber auch ohne Haiku herzlich willkommen, sich am Austausch zu beteiligen. Damit ein gutes Gespräch zustande kommen kann, werden entsprechend der Zahl der jeweils Anwesenden verschiedene Gruppen gebildet, die jeweils von einem Mitglied unseres Moderatoren-Teams, neben Stefan Wolfschütz bestehend aus Petra Klingl, Eleonore Nickolay, Wolfgang Sauer und Tobias Tiefensee, betreut werden.

Für Rückmeldungen zu stattgefundenen Meetings und eventuellem, weiterem Austausch wurde auf „Hallo Haiku", dem Online-Portal der DGH (https://haiku.de/), ein neues Forum eingerichtet: https://haiku.de/dhg-forum/forum/18/

Wir gratulieren!

Im Sommer hatte die Österreichische Haiku-Gesellschaft einen Haiku- und Senryu-Wettbewerb zum Thema „Nachhaltigkeit" ausgeschrieben.

Die Ergebnisse liegen jetzt vor. Der erste Preis geht an Kamil Plich, der zweite an Heiner Brückner. Den dritten Preis teilen sich Marita Bagdahn und Moritz Wulf Lange. Daneben wurden aus den Einsendungen weitere Texte für eine Veröffentlichung ausgewählt. Vertreten sind Stefanie Bucifal, Bettina Engel-Wehner, Volker Friebel, Dan Iulian, Mircea Moldovan, Urte Paulus, Wilhelmina Preiss, Brigitte ten Brink, Tobias Tiefensee, Gerta Ubl-Fahrngruber, Elisabeth Weber-Strobel und Friedrich Winzer.

Bitte beachten!
Neue Mailadresse der Deutschen Haiku Gesellschaft: info@haiku.de
Neue Mailadresse der SOMMERGRAS-Redaktion:
redaktion@sommergras.de

Auch die Postadresse der DHG ändert sich ab Dezember, die neue Adresse lautet:

Deutsche Haiku-Gesellschaft e. V.
c/o Stefan Wolfschütz
Jungmannstr. 11
24768 Rendsburg

Erratum

SG 138, Seite 65: Beim gemeinsamen Haiga von Brigitte ten Brink und Christof Blumentrath kam es zu einer Verwechslung. Das Foto stammt von Brigitte ten Brink und das Haiku von Christof Blumentrath und nicht umgekehrt. Die Redaktion bittet um Entschuldigung.

SG 138, Seite 70: Der Juror, welcher zum Haiku von Christian Hövel „ein Haiku, das mich besonders anspricht" geschrieben hat, heißt Tobias Tiefensee, nicht Tiefenstein. Der Koordinator Peter Rudolf bittet um Entschuldigung.

SG 138, Seite 76: Durch einen Übertragungsfehler in der PDF-Druckversion fehlten die letzten zwei ausgewählten Haiku der Haiku-Auswahl. Die Redaktion bittet die Autorin Stefanie Wichert und den Autor Friedrich Winzer um Entschuldigung.

neben dem Feldweg
skeptische Blicke
einer Rehfamilie

Stefanie Wichert

verschmolzen
mit dem stillen Teich
ein Reiher

Friedrich Winzer

Mentoring

Für das **Haiku- und Haiga-Mentoring** stellt sich Claudia Brefeld zur Verfügung.
post@claudiabrefeld.de

Für das **Tanka-Mentoring** stellt sich Tony Böhle zur Verfügung.
tonyboehle@web.de

Coverbild

Das Bild für das Cover dieser Ausgabe kommt von Angelika Holweger. Sie wohnt im Ländle zwischen Neckar und Schwäbischer Alb. Sie ist oft mit der Kamera in der Natur unterwegs und versucht, Unscheinbares sichtbar zu machen. Des Weiteren befasst sie sich mit der bildenden Kunst, insbesondere mit verschiedenen Drucktechniken, ab und zu auch mit Malerei. Dazu kommen gelegentliche Haiku.

Impressum

Vierteljahresschrift der Deutschen Haiku-Gesellschaft
35. Jahrgang – Dezember 2022 – Nummer 139

Herausgeber:	Vorstand der DHG Tel.: 04331 /46 35 79 3 E-Mail: info@haiku.de
Redaktion: **Mitarbeit:**	Horst-Oliver Buchholz, Eleonore Nickolay, Thomas Opfermann Claudia Brefeld
Titelillustration: **Covergestaltung:**	Angelika Holweger Stephanie Mattner
Lektorat **Satz und Layout:**	Gabriele Buschmann, Martina Khamphasith Martina Khamphasith

Freie Mitarbeit erwünscht. Ihre Beiträge schicken Sie bitte per

E-Mail an:	Horst-Oliver Buchholz, Eleonore Nickolay, Thomas Opfermann: redaktion@sommergras.de
Post an:	Petra Klingl, Wansdorfer Steig 17, 13587 Berlin

Über die Veröffentlichung der Beiträge entscheidet die Redaktion. Die Meinung unserer Autoren muss sich nicht immer mit der Meinung der Redaktion decken. Die Beiträge werden von uns sorgfältig geprüft, für die Richtigkeit, Vollständigkeit und Aktualität der Inhalte, insbesondere der fremdsprachlichen Texte, können wir jedoch keine Gewähr übernehmen.

Einsendeschluss
für die Haiku- und Tanka-Auswahl: 15. Januar 2022
Redaktionsschluss: 20. Januar 2022

Jahresabonnement Inland (inkl. Porto) 45 €
Jahresabonnement Ausland (inkl. Porto) 55 €
Einzelheftbezug Inland (inkl. Porto) 12 €
Einzelheftbezug Ausland (inkl. Porto) 14,50 €
Auslandsversand nur auf dem Land-/Seeweg.

Der Mitgliedsbeitrag beträgt 45 € im Jahr und beinhaltet die Lieferung der Zeitschrift (Inland inkl. Porto, Ausland + 10 € Porto).
Die finanzielle Unterstützung der DHG quittieren wir mit Spendenbescheinigungen.